순수한 영혼 마릴린 먼로

순수한 영혼 마릴린 먼로

ⓒ 권여선, 2005

초판 1쇄 발행일 | 2005년 4월 2일
초판 2쇄 발행일 | 2007년 9월 14일

지은이 | 권여선
펴낸이 | 김현주
펴낸곳 | 이룸

출판등록 | 1997년 10월 30일 제10-1502호
주소 | 121-840 서울시 마포구 서교동 395-172 상록빌딩 2층
전화 | 편집부 (02)324-2347, 영업부 (02)2648-7224
팩스 | 편집부 (02)324-2348, 영업부 (02)2654-7696
e-mail | erum9@hanmail.net
Home page | http://www.erumbooks.com

ISBN 89-5707-148-2 (44990)
       89-5707-093-1 (set)

값 7,500원

청소년
평전 17

순수한 영혼 마릴린 먼로

권여선 지음

이룸

차 례

제1부
천사에 관한 뜨거운 소문

1. 생일 축하해요!

1962년 5월, 화창한 봄 일요일 아침이었다.

뉴욕 매디슨 스퀘어 가든에서는 이름 첫자만 대면 누구나 알 수 있는 미국의 유명 인사들이 총집합하여 성대한 파티가 시작되기를 기다리고 있었다. 모든 방송국과 신문사와 잡지사의 기자들이 몰려들어 유명한 정치인, 배우, 모델, 감독, 예술가들의 사진을 찍느라 바빴다.

그러나 아직 파티에 오지 않은 중요한 여성이 하나 있었다. 그녀가 올 때까지 파티는 시작될 수 없었다.

파티의 사회를 맡은 로퍼드는 그 여성 때문에 파티가 많이 늦어질까

봐 내심 초조했다. 사회자인 로퍼드로 말하자면 이름난 영화배우인 동시에, 케네디 대통령 여동생의 남편이기도 했다. 대통령의 매부가 사회를 보는 이 놀라운 파티는 존 F. 케네디 대통령의 생일을 축하하는 파티였다. 그리고 아직 오지 않은 여성은 할리우드에서 지각 잘하기로 소문난 여배우 마릴린 먼로였다. 그녀는 이 파티에서 가장 중요한 역할, 즉 케네디 대통령에게 생일 축하 노래를 불러주는 일을 맡고 있었다.

드디어 마릴린 먼로가 도착했고 파티가 시작되었다. 마치 그녀가 파티의 주인공인 것 같았다. 로퍼드가 약간 우스갯소리를 섞어가며 지각한 마릴린을 소개하자, 그녀는 어깨에 두른 숄을 매만지며 수줍은 듯 무대로 걸어 나왔다. 그녀는 작은 구슬이 수백 개나 박힌 화려한 살색 드레스를 입고 있었다. 몸을 움직일 때마다 구슬이 반짝거리면서 얇은 속치마만 입은 것처럼 몸매의 윤곽이 드러났다. 서른여섯이었지만 마릴린은 여전히 눈부시게 아름다웠다.

마릴린은 로퍼드를 향해 약간 나무라는 듯한 미소를 지었다. 그리고 숄을 목으로 끌어당기고 손가락으로 마이크를 톡톡 두드렸다. 밝은 조명에 눈이 부신지 이마에 손을 갖다 대고 관객석을 훑어보기도 했다. 마릴린은 이 땅에 처음 내려온 천사처럼 낯설고 어리둥절한 표정이었다. 사람들은 숨을 죽이고 그녀를 응시했다.

조금 마음이 놓인 듯 마릴린은 살짝 미소를 지었다. 그리고 노래를 시작했다.

Happy birthday to you.

노래를 하는지 숨을 쉬는지 알 수 없었다.

Happy birthday to you.

노래는 봄날의 햇살보다 더 나른하고 매혹적이었다.

Happy birthday, Mr. President.

사람들은 '프레지던트'라는 발음이 그토록 달콤할 수 있음에 놀랐다.

Happy birthday to you.

끊어질 듯 이어지던 생일 축하 노래가 끝났다.

사람들은 무엇에 홀린 듯한 기분이었다.

순간 마릴린은 갑자기 태도를 바꿨다. 그녀는 지휘자처럼 경쾌하게 팔을 흔들기도 하고 치어리더처럼 활기찬 춤을 추기도 하면서 빠른 곡조의 노래를 한 곡 더 불렀다. 이때에는 마치 오빠의 생일 파티에 불려 나온 장난꾸러기 여동생 같았다.

마릴린의 모든 행동은 즉석에서 이루어진 듯 자연스러워 보였지만 아니었다. 그녀는 이 파티를 위해 오랫동안 거울 앞에서 연습했다. 목소리가 나오지 않으면 어쩌나 걱정한 끝에 밤이면 악몽에 시달리기도 했다. 그러면서도 정작 파티에는 늦었다.

노래가 끝나자 사람들은 환호했다. 파티의 주인공인 케네디 대통령이 일어나 재치 있게 소감을 밝혔다.

"먼로 양이 이렇게 아름다운 축하곡을 불러주었으니 저는 이제 정계를 은퇴해도 여한이 없습니다."

  찬란했다. 케네디와 먼로의 만남은 스타 정치가와 스타 여배우의 만남이었고, 미국의 모든 남성과 모든 여성이 꿈꾸는 커플의 만남이었다. 정치와 쇼가 화려하게 만나는 순간이기도 했다. 전 세계는 이 날을 잊지 못했다. 그 후 두 사람이 맞이한 비극적인 최후 때문에 사람들은 이 날의 찬란했던 영광을 더욱 오래도록 잊지 못했는지도 모른다.

2. 잘못 배달된 아기

1926년 6월 1일, 조금 덥게 느껴지는 초여름이었다.

천사들의 도시인 로스앤젤레스에서 갈색 머리의 예쁜 여자아기가 태어났다. 아기는 커다란 눈에, 우유에서 막 건져낸 듯 뽀얀 살결이었다. 산모인 글래디스는 아기에게 노마 진이라는 이름을 붙여주었다. 이름을 붙여주고 나서 글래디스는 고민에 빠졌다. 아이의 성이 문제였다.

"도대체 누구 성을 붙여야 하나?"

글래디스가 고민하는 이유는 이러했다.

글래디스 먼로는 열다섯 살에 베이커라는 남자와 결혼해서 아이 둘을 낳았다. 그녀는 할리우드에 있는 영화사에서 필름을 편집하는 직원이었다. 어느 날 퇴근해서 집에 돌아와 보니 남편인 베이커가 다른 여자와 바람을 피우고 있었다. 둘은 심하게 말다툼을 했다. 베이커는 문을 쾅 닫고 집을 나가 버렸다. 그리고 며칠 뒤에 베이커는 다시 몰래 돌아와 아이들 둘도 함께 데려가 버렸다.

글래디스는 아이들을 찾아오기 위해 백방으로 손을 썼다. 저축한 돈도 다 털어 썼다. 그러나 간신히 아이들을 찾아냈을 때 그녀는 빈손으로 물러날 수밖에 없었다. 그녀는 돈 한푼 없는 빈털터리였지만, 재혼한 베이커는 돈을 제법 많이 벌어 부자가 되어 있었다. 아이들은 멋진 집에서 새엄마와 함께 잘 자라고 있었다. 그녀는 두 아이들을 한 번 안아보지도 못하고 발길을 돌려야 했다.

글래디스는 눈물을 머금고 할리우드로 돌아와 다시 필름을 편집하는 일을 했다. 그리고 모텐슨이라는 남자와 재혼했으나 성격이 맞지 않아 곧 헤어졌다. 그 후 그녀는 다른 남자를 만나 사랑을 하여 노마 진을 낳게 된 것이다.

정리하자면 글래디스는 베이커와 첫 번째로 결혼하고 모텐슨과 두 번째로 결혼했는데, 노마 진은 두 남자 중 누구의 아이도 아니었다. 그렇다고 어디론가 훌쩍 떠나버리고 없는 세 번째 남자의 성을 붙여줄 수도 없었다.

글래디스는 고민했지만 결론을 얻을 수 없었다. 그래서 노마 진은

피 한 방울 섞이지 않은 두 남자의 성을 편의적으로 이름 뒤에 붙여 써야 했다. 노마 진 베이커 또는 노마 진 모텐슨. 친아버지의 성이 무엇인지는 밝혀지지 않았다.

노마 진 베이커 또는 노마 진 모텐슨은 글래디스의 세 번째 아이였다. 그러나 글래디스는 이번에도 노마 진을 자기 손으로 키울 수 없었다. 그래서 노마 진은 가난한 우편배달부의 집에 맡겨져 자라났다. 예나 지금이나 가난한 우편배달부의 집에는 언제나 많은 자녀들이 우글거렸다. 노마는 자기가 그런 많은 자녀들 중 하나인 줄 알고 자랐다.

꼬마 노마는 발육이 좋은 미운 오리 새끼처럼 잘 자랐다. 노마는 우편배달부의 아내가 자기 친엄마가 아니라는 것도 몰랐고, 그녀가 자기를 은근히 다른 자녀와 차별하는 것도 몰랐다. 우편배달부의 아내가 이렇게 말하기 전까지는.

"이제 날 엄마라고 부르지 말아라. 이제 너도 알 만큼 나이가 들어서 하는 이야기야."

이때 알 만큼 나이가 든 노마는 일곱 살이었다.

"사실 난 너랑 아무 관계도 없는 사람이란다. 그냥 널 맡아서 키워주는 것뿐이야. 내일 네 친엄마가 널 만나러 올 거야. 그 사람을 엄마라고 불러라."

우편배달부 부부는 노마를 키워주는 대가로 노마의 엄마로부터 매주 5달러씩 받고 있었다. 그리고 성장이 빠른 노마에게 벌써부터 자질

구레한 심부름을 시키는 데 재미를 붙였다. 그러나 이 모든 사정을 모르는 노마는 얼떨결에 이렇게 대답했다.

"고마워요."

무엇이 고마웠을까? 이제까지 키워준 것? 이런 이야기를 해준 것이? 아니면 친엄마를 만나게 된 것이? 어린 노마 진은 뭐가 고마운지는 몰랐다.

드디어 기다리던 엄마가 왔다.

"안녕, 엄마!"

노마 진이 인사했다.

"⋯⋯."

엄마는 딸을 뚫어지게 쳐다볼 뿐 뽀뽀를 해주거나 안아주지 않았다. 엄마는 그전에도 몇 번 우편배달부의 집에 찾아온 적이 있었다. 다만 자기가 친엄마라는 사실을 밝히지 않았기 때문에 노마는 몰랐을 따름이다.

엄마는 예쁜 편이었지만 웃음도 없고 말수도 적은 여자였다. 엄마는 그날 노마 진을 자기 집으로 데려갔다. 노마는 이 날을 인생 최초의 기쁜 날로 기억한다. 그렇다고 엄마네 집에서 뭐 별달리 즐거운 일이 있었던 건 아니다. 엄마는 여전히 말이 없었고 웃지도 않았다. 다만 기운 없이 우울한 얼굴로 이렇게 말하곤 했다.

"노마, 너무 시끄럽게 굴지 말아라."

그래서 노마는 책도 읽을 수 없었다. 엄마는 책장 넘기는 소리에도 신경이 날카로워졌다.

노마 진은 침실 옷장 속에 기어 들어가 옷들 사이에 몸을 숨기고 대부분의 시간을 보냈다. 그러다 무서워지면 옷장에서 기어 나와 오도카니 서서 벽에 걸린 액자 속 사진 한 장을 하염없이 올려다보곤 했다.

남자 사진이었다. 엄마가 보지 말라고 야단칠까 봐 두려웠지만 사진에서 눈을 뗄 수가 없었다. 천덕꾸러기로 자란 노마는 눈치가 빨랐다. 그러나 뜻밖에도 엄마는 노마가 사진을 보고 있는 걸 보자 더 잘 볼 수 있도록 노마를 의자 위에 올려 주며 말했다.

"네 아빠야."

노마는 흥분해서 의자에서 떨어질 뻔했다.

사진 속 남자는 모자를 한쪽으로 비스듬히 기울여 쓰고 코밑에 나비의 더듬이처럼 가느다란 콧수염을 기르고 있었다. 노마는 아빠가 〈바람과 함께 사라지다〉에 나온 할리우드의 유명 배우 클라크 게이블을 닮았다고 생각했다. 클라크 게이블도 모자를 비스듬히 쓰고 콧수염을 기르고 있어서였다.

"아빠 이름이 뭐예요?"

노마의 물음에 엄마는 한참 동안 가만히 있더니 불쑥 이렇게 말했다.

"네 아빠는 뉴욕에서 교통사고로 돌아가셨어."

엄마는 노마의 희망을 산산이 깨뜨린 다음 노마를 다시 우편배달부의 집에 데려다 주었다. 5달러와 함께. 친엄마가 생겼지만 그렇다고 같이 사는 건 아니었다.

우편배달부의 집으로 돌아온 노마는 아무리 생각해도 아빠가 자기를 한 번도 보지 못하고 죽었다는 사실을 믿을 수 없었다. 어떻게 하면 아빠에게 내 모습을 보여줄 수 있을까?

그때부터 노마는 언제나 상상 속에서 아빠를 만났다.

비오는 날 비를 맞으며 집으로 돌아올 때면 노마는 아빠가 집에서 자기를 기다리고 있다고 상상했다. 아빠는 비를 쫄딱 맞은 노마를 보고 깜짝 놀라 이렇게 타이른다.

"왜 비옷을 입고 다니지 않는 거냐, 노마 진? 그러다 감기라도 걸릴까 봐 이 아빠는 몹시 걱정이 되는구나."

물론 노마에게는 비옷도 없었고 집이라고 할 만한 곳도 없었지만, 이런 상상은 노마를 너무나 기쁘게 했다. 노마는 비를 쫄딱 맞은 모습으로 한참 동안 거울 앞에 서 있었다. 거울은 아빠의 눈이었다. 왜 비옷을 입고 다니지 않는 거냐, 노마 진? 하고 말하는.

언젠가 한 번 노마는 편도선이 심각하게 부어 일주일 동안 병원에 입원한 적이 있었다. 입원해 있는 내내 노마는 아빠가 문병 오는 광경을 상상했다. 아빠는 병실 문을 열고 들어와 허리를 구부려 노마의 이마에 키스하고 이렇게 말한다.

"며칠만 지나면 안 아프게 될 거다, 노마 진. 다른 아이들처럼 울지도 않고 의젓하게 있으니 이 아빠는 정말 자랑스럽구나."

아무도 노마의 병실에 찾아와 주지 않았지만, 이런 상상은 노마를 너무나 기쁘게 했다. 노마는 아픔을 의젓하게 참는 표정을 지은 채 한참 동안 손거울을 들고 누워 있었다. 거울은 아빠의 눈이었다. 며칠만 지나면 안 아프게 될 거다, 노마 진. 하고 말하는.

3. 엄마의 하얀 집

우편배달부 다음에 바통을 이어받아 노마 진을 키워준 사람은 가난한 영국인 부부였다. 그들도 우편배달부 못지 않게 매주 5달러가 아쉬운 형편이었다.

노마는 여덟 살이 되었고 나이에 비해 성장이 빨랐다. 영국인 부부는 우편배달부 부부보다 운이 더 좋았다. 거의 다 큰 노마에게 더 많은 심부름을 시킬 수 있는 이점이 있었으니까.

어느 날 엄마가 찾아왔을 때 노마는 부엌에서 신나게 설거지를 하고 있었다. 엄마는 뒤에서 아무 말 없이 노마를 지켜보며 서 있었다. 노마가 돌아보았을 때 엄마의 눈에는 눈물이 그렁그렁 고여 있었다.

"너하고 같이 살 집을 구했단다, 노마. 마당도 있는 집이야. 벽이란 벽은 다 흰색으로 칠할 거고 너를 위해 피아노도 살 거야."

엄마는 이렇게 말하고 돌아갔다. 엄마는 거짓말을 한 게 아니었다. 정말 노마 진에게 생전 처음으로 자기 집이 생겼다. 작은 집이었지만 마당도 있었고 벽에는 하얀색 페인트칠이 되어 있었다. 노마를 길러주던 영국인 부부도 '하얀 집'으로 이사 와서 함께 살기로 했다. 엄마는 그들에게 노마를 잘 돌봐 주기만 하면 집세를 내지 않아도 좋다고 말했다.

"그렇게만 해 주신다면야 저희로서는 고맙지요."

영국인 부부는 감지덕지하여 그렇게 하겠다고 했다.

엄마는 식탁과 의자를 사고, 침대를 사고, 커튼을 사고, 마침내 중고 그랜드피아노도 샀다. 유감스러운 것은 모두 할부로 샀다는 점이었다. 노마는 이제 설거지나 청소를 하지 않아도 되었고, 중산층 자녀처럼 피아노 강습을 받을 수도 있었다. 노마는 이것으로 만족했지만 엄마는 점점 더 욕심을 부렸다.

"노마 진, 피아노는 여기 창문 옆에다 놓을게. 넌 여기서 피아노를 치는 거야. 그리고 여기 벽난로 옆에는 소파를 놓는 거지. 몇 가지 할부가 끝나는 대로 곧 소파를 살 거야. 그러면 밤이면 밤마다 엄마는 소파에 앉아서 우리 노마가 피아노 연주하는 걸 들을 수 있어."

엄마는 조그만 소리에도 신경이 바늘 끝처럼 날카로워지는데 피아노 소리는 괜찮은 걸까? 노마는 너무 행복해서 그런 생각을 할 겨를이 없었다.

그러나 결국 소파에 관한 엄마의 말은 거짓말이 되고 말았다. 아니, 모든 것이 거짓말이 되고 말았다. 거짓말 중에 가장 가슴 아픈 거짓말은 이렇듯 본의 아니게 거짓말이 된 거짓말이다. 왜냐하면 이런 거짓말에 대해서는 어디에도 원망할 곳이 없기 때문이다.

어느 날 영국인 부부와 노마가 부엌에서 아침을 먹고 있을 때였다. 부엌 바깥 계단에서 우당탕쿵쾅 하는 엄청난 소리가 들려왔다.

"아줌마, 계단 아래로 뭐가 굴러 떨어졌나 봐요."

아침을 먹던 노마 진이 깜짝 놀라 말했다. 영국인 부부는 말없이 얼굴을 마주보았다. 마분지로 만든 인형처럼 딱딱한 표정이었다. 계단에서 계속 이상한 소리가 들려왔지만 그들은 꼼짝도 하지 않았다.

"아줌마, 계단에서……."

노마는 더 이상 말을 할 수 없었다. 영국인 아줌마가 달려와 노마를 붙잡았고 영국인 아저씨가 밖으로 뛰어나갔다. 문틈으로 무슨 일이 일어났나 보려 했지만 아줌마가 넓적한 손바닥으로 노마의 눈을 가렸다. 노마는 아무 것도 볼 수 없었다. 부엌문이 열리는 소리가 들렸다. 찬 공기가 새어 들어왔다. 경찰과 구급차를 불렀다고 말하는 아저씨의 목소리가 들렸다.

"엄마였어요? 엄마가 계단에서 떨어졌어요?"

노마가 물었다.

"그래. 하지만 엄마를 보면 안돼."

아줌마는 노마의 눈을 가린 손에 더 힘을 주었다.

잠시 후 사람들이 웅성대는 소리와 발자국 소리가 들렸다. 부엌문이 쉴새 없이 열렸다 닫혔다. 찬 겨울 바람이 쏟아져 들어와 노마는 몸을 떨었다. 노마는 눈을 가리운 채 몸을 덜덜 떨면서 사람들이 엄마를 어딘가로 데려가는 소리를 들었다.

소란이 어느 정도 가라앉자 영국인 아줌마가 눈을 가렸던 손을 내렸다.

"착하게 부엌에 있어라, 노마 진. 별 것 아니란다. 엄마는 괜찮을 거야."

영국인 아줌마가 부엌을 나가자마자 노마는 몰래 현관으로 빠져나갔다. 계단에서 굴러 떨어져 다친 줄 알았던 엄마가 멀쩡하게 서서 사람들에게 붙들려가며 소리를 지르고 깔깔 웃어대고 있었다. 그토록 말이 없던 엄마가, 그토록 웃음 짓지 않던 엄마가.

엄마의 벌린 입에서 쏟아져 나온 하얀 입김이 1월의 차디찬 대기 속으로 흩어졌다. 그런 엄마의 모습은 처음이었다. 웃고 소리치는 엄마를 보자 노마 진은 기쁘기보다 무서웠다. 그렇게 무서운 웃음소리는 아홉 살 평생에 들어본 적이 없었다.

글래디스의 소름끼치는 웃음소리에 대해 설명하려면 글래디스의 아버지에 관해서 말하지 않을 수 없고, 그녀의 아버지에 관해 말하려면 그의 어머니인, 노마의 증조할머니에 대해 말하지 않을 수 없다. 즉 글래디스의 웃음에 대해 제대로 알기 위해서는 "아브라함이 이삭을 낳고 이삭은 야곱을 낳고⋯⋯" 하는 식의 성경의 마태복음처럼 길고 지루한 이야기가 필요하다.

그러나 간단히 요약하면 다음과 같다. 노마의 증조할머니와 외할아버지도 엄마처럼 말이 없고 웃음이 없는 사람들이었다. 그러다가 갑자기 소리를 지르며 깔깔 웃기 시작했을 때 그들은 차례차례 노워크 정신병원으로 끌려갔다. 그들은 심각한 우울증을 앓고 있었던 것이다. 노마의 엄마도 그랬다. 글래디스도 미친 듯이 웃던 1월의 그날, 구급차를 타고 노워크 정신병원으로 끌려갔다.

외할아버지와 증조할머니는 퇴원하지 못한 채 병원에서 죽었다. 외삼촌은 스스로 목숨을 끊었다. 다른 가족들도 비슷했다. 노워크 정신병원은 노마의 외갓집인 먼로 가의 주치병원과 같았다.

곧 돌아올 거라던 엄마는 돌아오지 않았다. 식탁과 의자, 침대와 커튼이 사라졌다. 중고 그랜드피아노도 사라졌다. 영국인 부부도 사라졌다. 벽을 온통 하얗게 칠해서 정신병원 같은 분위기를 풍기던 '하얀 집'도 사라졌다.

노마는 오랫동안 엄마가 소리지르고 깔깔대며 웃던 모습을 잊지 못했다. 그리고 엄마가 힘겹게 마련했던 '하얀 집'과 그랜드피아노도 잊지 못했다. 노마가 처음으로 가져 본 자기만의 것들은 그렇듯 허무하게 사라져 버렸다.

이제 누가 노마 진을 키워주나. 매주 5달러씩 지불하는 엄마도 없는데.

일단 엄마와 가장 친한 친구였던 그레이스 이모가 팔을 걷어붙이고 나섰다. 용감하게 팔을 걷어붙이긴 했지만 그레이스는 가난하기 짝이 없었다. 그레이스는 엄마와 같은 사무실에서 일한 적이 있는 직장 동료였는데, 얼마 지나지 않아 그 직장마저 잃었다.

비록 돈이 없어서 노마에게 유효기간이 지난 빵을 먹이긴 했지만, 그레이스 이모는 처음으로 노마를 예뻐해준 어른이었다. 그레이스는 노마의 머리를 쓰다듬어 주고 볼을 만져주고 뽀뽀도 해 주었다.

그레이스와 노마는 일주일 동안 먹을, 오래되고 딱딱한 빵 한 부대를 채우기 위해 싸구려 빵집 앞에 몇 시간 동안 줄을 서 있곤 했다. 그럴 때면 그레이스는 노마의 볼을 만지며 씩 웃었다.

"노마 진, 너는 커서 무척 예쁜 여자가 될 거야. 모든 사람들이 너를 사랑하게 될 거고. 이모는 그걸 직감적으로 느낄 수 있어."

노마는 기뻐서 입이 벌어졌다. 그리고 집에 돌아오자마자 거울부터 들여다보았다. 정말 아름다운 여자가 될 수 있을까. 모든 사람들이 나를 사랑해 줄까.

신앙심이 아주 깊은 그레이스 이모는 노마에게 하느님 이야기도 많이 해주었다.

"하느님은 너를 사랑하시고 너를 항상 지켜보고 계시단다, 노마."

노마는 이번에도 열심히 거울을 들여다보았다. 거울 속에 하느님이 계시다고 생각했다. 거울은 하느님의 눈이었다. 하느님에게 어떻게 하면 잘 보일 수 있을까? 노마는 거울 앞에서 예쁘고 착한 표정을 지어 보였다. 뭔가 부족했다. 노마는 어떻게든 하느님의 관심을 끌고 싶었다.

노마는 하늘에서 자기를 지켜보고 계시다는 하느님이 어떤 모습일지 궁금했다. 어린 노마가 상상력을 발휘해 그려놓은 하느님의 모습은 무척 괴상했다. 노마의 하느님은 콧수염을 기른 클라크 게이블과 그레이스 이모를 합쳐놓은 모습이었다.

노마의 거울 속에 있는 분은 하느님과 아빠와 그레이스 이모를 합해 놓은 사람이었다. 자기를 사랑하고 지켜봐주는 사람은 노마에게 누구나 같은 사람이었다.

그러던 어느 날 밤이었다. 노마는 여자들이 마구 떠들어대는 소리에 잠에서 깼다. 한 여자가 말했다.

"너 미쳤구나, 그레이스. 당장 고아원에 보내!"

"그런 말 좀 하지 마."

그레이스 이모의 말에 여러 여자들이 다투어 떠들어댔다.

"생각해 봐, 그레이스. 이런 형편에 입양이라니."

"네 입에 풀칠하기만도 벅차잖니?"

"얘, 너도 가만히 있지만 말고 그레이스가 알아듣게 이야기 좀 하렴."

그레이스 이모가 제발 조용히 좀 하라고 했지만 그녀의 친구들은 더욱 시끄럽게 소리쳤다.

"그레이스, 그레이스, 노마는 유전자가 안 좋잖니?"

"맞아. 그걸 잊지 말아야 해."

"그렇지 않아. 노마가 얼마나 예쁘고 착한 아이인데."

그레이스 이모가 한마디 하면 친구들은 열마디를 했다.

"웃기지 마. 노마의 엄마, 삼촌, 할아버지, 증조할머니까지 모조리 정신병원에 간 걸 몰라서 그래?"

"그런 병은 유전되는 거라고 어느 책에선가 읽은 적이 있어."

"어머! 나도 그런 이야기를 얼핏 들은 것 같애."

"쟤가 아직 어려서 그렇지 언제 발작을 일으킬지 모르는 일 아니니?"

"그럼, 그럼. 생각만 해도 너무 끔찍한 일이야."

그러나 그레이스 이모는 단호했다.

"애들아, 그만둬. 내 결심에는 변함이 없어."

"기가 막혀서!"

"분명히 후회할 거야, 그레이스!"

그레이스 이모와 그녀의 친구들이 말다툼을 벌이는 동안 노마는 자는 척하고 침대에 누워 마음을 졸이고 있었다.

"난 노마가 물려받은 유전자와, 그밖에 다른 모든 것들을 다 받아들일 거야."

그레이스 이모는 이 약속을 지켰다. 그레이스는 주위의 만류를 뿌리치고 노마 진을 입양했다. 노마는 그레이스 이모에게 분명히 후회할 거라고 말한 친구들을 꼭 후회하게 만들어주고 싶었다. 그러나 노마는 너무 어렸다. 사람들은 그 나이로 보지 않았지만 아직 아홉 살밖에 안 되었다. 기다려. 노마 진. 기다려. 누군가 노마의 귀에 대고 이렇게 속삭였다. 너는 커서 무척 예쁜 여자가 될 거고 모든 사람들이 너를 사랑하게 될 거야.

그레이스 이모는 착했지만 참 운이 없는 여자였다. 일자리를 얻느라 늘 발이 부르트도록 돌아다녔지만 허탕을 치기 일쑤였고, 겨우 쥐꼬리만한 월급을 받는 직장을 얻어도 노마를 돌볼 틈이 없었다.

노마 진은 결국 고아원으로 보내졌다. 그래도 아주 보호자가 없는 경우보다는 나았다. 그레이스 이모가 애를 쓴 끝에, 노마는 시설이 좋지 않은 주립고아원 대신, 로스앤젤레스어린이가정회라는 고아원에 가게 되었다. 그곳에서는 아이들을 가끔 영화관에 보내주기도 하고, 크리스마스 트리를 꾸며주기도 하고, 노마 엄마가 그랬듯이 일주일에 5달러씩 주고 일반 가정에 고아들을 맡기기도 했다.

이때부터 노마는 고아원 제복인 흰 블라우스에 파란 치마를 입고 밑창이 무거운 구두를 신었다. 그리고 아홉 살에서 열다섯 살까지 6년 동안, 일반 가정에 맡겨졌다가 다시 고아원으로 돌아오는 일을 아홉 번이나 반복했다. 사람들은 5달러가 필요해 고아들을 데려갔다가 문제가 생기면 재빨리 고아원으로 돌려보냈다.

"기다려. 노마 진은 마지막이야."

입양된 집의 온 가족이 둘러앉아 음식을 먹을 때도 그랬다.

"기다려. 노마 진은 마지막이야."

물값을 아끼려고 한 번 받은 목욕물로 온 가족이 차례로 목욕을 할 때도 그랬다. 마지막 목욕물엔 욕지기가 나는 회색 거품과 더러운 기름때가 둥둥 떠 있었다. 그 물에 들어가느니 차라리 목욕을 하지 않는 편이 더 깨끗할지 몰랐다.

설거지나 청소는 첫 번째로 도맡아야 했지만, 좋은 일에는 늘 마지막이었다. 하도 이런 얘길 듣다 보니 노마 진은 스스로 알아서 마지막이라고 생각하고 행동했다.

노마는 아이답지 않게 참고 기다리는 일에 익숙해졌다. 기다려. 노마 진은 마지막이야. 그래서 불평이 있어도 말하지 않았다. 기다려. 노마 진은 마지막이야. 억울해도 대들지 않았고 슬픈 일이 있어도 울지 않았다. 기다려. 노마 진은 마지막이야. 심지어는 아무리 기뻐도 웃지 않았다. 웃는 것도 곧바로 웃지 말고 기다려야 할 것 같았다. 모두 웃은 후에 마지막으로 웃어야 할 것 같았다.

자기가 마지막이라는 생각은 가끔 노마를 슬프게 했다. '마지막에 웃는 자가 진짜 웃는 자'라는 속담도 있지만, 말이 좋아 마지막이지, 그건 꼴찌라는 뜻 아닌가? 노마 진은 언제까지 기다려야 하나? 노마 진은 언제까지 꼴찌여야 하나? 언제쯤 사람들의 사랑을 받을 수 있나?

마지막이란 말에 좋은 의미가 있다면, 그건 이 집이 제발 마지막 집이 되었으면 하는 바램을 품을 때뿐이었다. 그러나 그 바램은 매번 무너졌고 노마는 입양된 지 얼마 지나지 않아 다시 고아원으로 파양(입양한 것을 무효로 깨는 일)되어 돌아오곤 했다.

몇 가지는 노마가 잘못했을 수도 있지만 아홉 번이나 파양된 것이 전부 다 노마의 잘못은 아니었다. 가끔 입양된 가정의 아이를 때리고 머리를 잡아당기고 쓰러뜨린 적이 있는 것은 사실이었다. 그렇지만 아홉 번이나 쫓겨날 만큼 말썽만 피우지는 않았다.

한동안 노마 진을 고아원에 돌려보내지 않고 키우던 집이 있었다. 그 집에는 네 명의 아이들이 있었고 백 살이 넘은 할머니가 있었다. 할머니는 원숭이처럼 구부정하게 허리를 굽히고 어정어정 움직이며 아이들을 돌보았다.

노마는 그 할머니를 좋아했다. 할머니는, 세상의 모든 할머니가 그렇듯이 재미난 이야기를 많이 알고 있었다. 특히 할머니가 젊었을 때 서부에서 겪은 인디언들과의 싸움 이야기는 정말 무시무시하면서도 흥미진진했다. 인디언들이 사람의 머리 가죽을 벗기는 이야기, 말뚝에 사람을 묶어 불태워 죽이는 이야기, 그래서 백인들이 인디언들을 떼로 죽인 이야기 등등 아이들이 들어서 좋을 내용도 아니고 사실인지 아닌지도 모르는 이야기들이었다. 그러나 아이들이나 할머니나 그런 분별심을 갖고 있을 나이는 아니었다. 그래도 재미 하나만은 분명히 있었다. 노마는 누구보다도 가장 큰 소리로 웃고 가장 심하게 몸을 떠는 아이였다. 이때만큼은, '기다려, 노마 진은 마지막이야' 하는 생각이 들지 않았다.

노마는 할머니에게 잘 보이고 싶었다. 그래서 할머니를 자기 거울 속에 넣을까 말까를 진지하게 고민하고 있었다. 그러던 어느 날, 한 아이가 할머니에게 달려가 길게 찢어진 원피스를 보이며 노마 진이 그랬다고 일러바쳤다. 그건 새빨간 거짓말이었다. 그러나 할머니는 자기 증손녀의 말만 믿었다. 노마 진은 파양되어 고아원으로 돌려보내졌다.

노마는 거울 속에 반쯤 들어갔던 할머니를 도로 끄집어냈고 머릿속에서 깨끗이 지워버렸다. 이후로도 노마 진의 거울 속에 들어갈 만한 좋은 어른은 발견되지 않았다.

그러나 이 정도는 코끼리 비스킷에 불과할 만큼 노마 진에게 아주 좋지 않은 일이 생긴 적도 있었다. 노마는 또래에 비해 성장이 빨랐다. 어른들은 노마가 아홉 살밖에 안되었다는 사실을 믿지 못했다. 적어도 열두 살은 된 줄 알고 있었다.

어느 가족과 함께 살 때였다. 그 가족은 키멜이라는 남자에게 방 하나를 세주고 있었다. 키멜은 음침하고 어두운 얼굴에 노상 점잔 떨기만 좋아하는 남자였다. 그러나 가족들은 하숙비를 꼬박꼬박 내는 키멜을 하느님처럼 떠받들었다.

어느 날 키멜이 조용히 노마를 불렀다.

"이리 들어와 봐라."

노마가 방으로 들어가자 키멜은 방문을 닫고 열쇠로 문을 잠갔다.

"이제 넌 여기서 못 나간다."

노마는 웃으려고 했다. 이 아저씨가 나하고 무슨 재미난 놀이를 하려는 것일까? 아홉 살짜리 여자애가 생각할 수 있는 건 거기까지였다.

키멜이 무서운 얼굴로 다가왔다. 노마는 소리를 지르고 싶었지만 고아원으로 돌려보내질까봐 두려웠다. 누군가 노마의 귀에 대고 속삭이는 것 같았다. 기다려. 노마 진. 기다려.

키멜이 노마를 껴안았다. 키멜은 힘이 센 남자였고, 아주 몹쓸 남자였다. 그는 자기가 하고 싶은 짓을 다 하면서 끊임없이 속삭였다.

"착하지? 얌전하게 있어야지?"

노마는 한참만에 방에서 풀려났다.

노마가 양엄마에게 달려가 더듬더듬거리며 방에서 있었던 일을 말하려 하자 양엄마는 노마의 말을 듣지도 않고 신경질을 발칵 냈다.

"넌 창피한 줄도 모르니? 키멜 선생님에 대해서 뭐라고 헐뜯으려는 거야? 그분은 좋은 분이셔. 우리 집에서 하숙하는 사람 중 제일 점잖으신 분이란 말야."

"그게 아니라요, 키멜 아저씨가 저한테요……."

노마는 말을 계속할 수가 없었다. 누군가 귀에 대고 속삭이는 것만 같았다. 기다려. 노마 진. 기다려. 그때 키멜이 기다렸다는 듯 다가와 인자한 미소를 지으며 노마에게 동전 한 닢을 쥐어주었다.

"가서 아이스크림이나 사 먹어라, 노마 진."

노마 진은 괴로울 때면 언제나 엄마의 '하얀 집'을 생각했다. 식탁과 침대와 커튼을 생각했고, 창가에 놓인 그랜드피아노를 생각했다. 그리고 지켜지지 않은, 벽난로 옆에 놓기로 한 소파에 대한 약속을 생각했다. 노마 진은 키멜이 준 동전을 손에 꼭 쥔 채 스스로에게 속삭였다.

'기다려. 노마 진. 기다려. 너는 커서 무척 예쁜 여자가 될 거고, 모든 사람들이 너를 사랑하게 될 거야.'

4. 수학시간의 스웨터 걸

　노마 진은 조숙했다. 아홉 살 때 열두 살로 보였던 노마 진은, 정작 열두 살이 되자 열다섯 살로 보였다. 그런데 노마는 학교에서도 집에서도 친구가 없었다. 아무도 노마에게 말을 걸지 않았고 놀이에 끼워주지 않았다. 반 아이들은 집까지 같이 걸어가려고도 하지 않았고 자기들 집에 초대하려고도 하지 않았다.

　그 까닭 중 하나는 노마가 아주 촌스러운 옷을 입고 다녔기 때문이다. 비가 오나 눈이 오나 노마는 고아원에서 준 흰 블라우스와 파란 치마만 입었다. 블라우스와 치마는 스무 살까지 입어도 좋을 만큼 치수가 컸다. 누가 입어도 멍청하게 보일 만한 옷이었고, "나 고아다, 어쩔래?" 하고 광고하는 옷이나 다름없었다.

또 다른 까닭은 노마가 아주 어두운 표정을 짓고 다녔기 때문이다. 노마는 결코 웃지 않았다. 웃을 일도 없었지만 웃을 수도 없었다. 뭐든 꼴찌인 노마 진, 뭐든 기다려야 하는 노마 진이었다. 노마는 언제, 어떻게 웃어야 좋을지 알지 못했다. 마음껏 웃다 눈물이 쏙 빠지게 야단을 맞아본 적 있는 아이는 어디서도 잘 웃지 못하는 법이다. 그러나 웃지 않는 아이는 누가 봐도 기분 나빴다.

어느 날 구두 수선공 아저씨가 학교에 가는 노마를 불렀다.

"애야, 너 이름이 뭐냐?"

"노마 진이에요."

노마는 무뚝뚝하게 대답했다.

"성은?"

노마는 친아버지도 아닌 '베이커'나 '모텐슨'이라는 남자의 성을 알려주고 싶지 않아 가만히 서 있었다.

"별 이상한 애 다 보겠네. 네가 매일 이 앞을 지나다니는 걸 봤는데, 도무지 넌 웃지를 않더구나. 그렇게 뚱해가지고는 평생 일이 잘 풀리긴 다 틀렸다, 다 틀렸어."

노마는 학교까지 가는 내내 구두 수선공을 미워하며 걸어갔다. 한 발자국, 한 발자국, 아무리 그를 미워해도 그의 악담이 머릿속에서 사

라지지 않았다. 그렇게 뚱해가지고는 평생 일이 잘 풀리긴 다 틀렸다,
다 틀렸어.

그러나 그건 바보같은 구두 수선공 아저씨가 몰라서 하는 소리였다.
노마 진은 거울 앞에서는 언제나 잘 웃었다. 거울은 하느님의 눈이었
고 아빠의 눈이었고 그레이스 이모의 눈이었다. 그 앞에서 노마는 해
맑게 잘 웃었다.

우리는 누구나 우리 인생의 바다에서 해적선 선장이며 애타게 보물
섬을 찾고 있다. 보물섬이 언제, 어떻게 발견될지는 아무도 모른다. 그
러나 가장 중요한 것은 그 보물섬이 우리 바깥에 있는 것이 아니라 우
리에게 있다는 사실이다. 우리가 미처 못 보고 있을 뿐, 그것은 분명
우리 안에 있다.

노마 진의 보물섬은, 미처 블라우스를 꿰매지 못한 어느 날 아침, 수
학시간에 발견되었다. 수평선 너머로 모습을 나타낸 노마의 보물섬은
하나도 아니고 둘이었다. 놀랄 만큼 아름다운 노마의 가슴!

노마는 지각대장이었다. 그날도 노마는 학교에 또 늦었다. 노마 진
은 떨어진 블라우스를 다 꿰매지 못해 함께 사는 아이들 중 동갑내기
에게 윗도리를 좀 빌려 달라고 했다. 그 아이는 자기 스웨터를 빌려주
었다. 스웨터는 노마의 몸에 비해 사이즈가 작았다.

노마는 꼭 끼는 스웨터를 입고 수학시간이 막 시작되기 직전에 허둥

지등 교실로 뛰어들어갔다. 몇몇 아이들이 힐끔 노마를 쳐다보았다. 그리고는 그녀의 스웨터 가슴께에서 눈을 떼지 못했다. 다른 아이들도 하나 둘 씩 노마를 쳐다보곤 똑같은 눈빛이 되었다. 지각을 한두 번 한 것도 아닌데 모두들 그녀를 외계인처럼 쳐다보았다. 그렇다고 "멍청한 지각쟁이!"라고 조롱하는 눈빛도 아니었다.

쉬는 시간이 되자 용감한 남자 아이들 대여섯 명이 앞다투어 노마의 자리로 몰려왔다. 그들이 웃으며 농담을 건넸을 때 노마는 조금도 뚱하게 굴지 않았다. 노마는 정확히 웃어야 할 때 웃었다. 그것도 천사처럼 예쁘게 웃었다. 어려울 게 없었다. 거울 앞에 있는 것처럼 행동하면 되었다. 노마는 자기를 관심 있게 지켜봐주는 눈길만 있으면 언제라도 예쁘고 명랑해질 준비가 되어 있었다.

여자 아이들은 노마 진이 그토록 예쁜 아이였다는 걸 알고 말도 못할 충격을 받았다. 그후로 대부분의 여자 아이들은 노마를 질투했지만, 몇몇 여자 아이들은 노마에게 은근히 접근하여 친하게 지내려고 애썼다. 그녀의 오빠들이 노마 진과 친하게 안 지내면 죽여놓는다고 협박했거나 제발 노마 진과 친하게 지내달라고 애걸복걸했기 때문이다.

노마 진은 그 이후로 자기 몸이 놀라운 보물이라는 걸 깨닫고 더욱 아름답게 보이려고 피나는 노력을 했다. 거울 앞에서 눈웃음 치는 법을 연습하고, 립스틱과 마스카라를 살짝 칠하고, 예쁜 걸음걸이로 남자 아이들의 관심을 끌었다.

노마의 학교생활은 완전히 변했다. 어딜 가도 남자 아이들의 시선이 그녀 주변을 맴돌았다. 어딜 가도 남자 아이들은 노마 진 이야기만 했다. 노마는 행복했다. 그리고 더 행복해지고 싶었다. 기다려. 노마 진. 기다려. 이보다 열 배쯤 더 행복해질 거야, 라고 노마는 생각했다.

하지만 꼬마 숙녀 노마 진에게도 허점은 있었다. 노마는 몸은 조숙했지만 마음은 어린애였다. 기껏 남자 아이들의 혼을 뒤흔들어 쏙 빼놓고는 고작 부탁한다는 것이 이런 종류였다.

"나, 이 자전거 좀 타봐도 돼?"

남자 아이들은 얼마든지 타보라고 할 수밖에 없었다.

노마가 혼자 자전거를 타고 노는 동안 소년들은 나무 밑에서 삼십 분이고 한 시간이고 끈기 있게 기다렸다. 자전거를 다 타고나면 나랑 데이트를 해주겠지, 하고 생각했던 것이다. 그러나 실컷 자전거를 타고난 노마 진은 "고마워, 안녕!" 하며 손을 흔들고는 집으로 돌아가 버렸다. 이게 열두 살 노마 진의 참모습이었다.

남자 아이들이 이렇게 헛물을 켜는 동안, 여자 아이들은 입에 침이 마르도록 노마 진에 대해 험담을 했다. 노마 진이 술을 마시고 담배를 피우고 밤마다 해변가에서 남자 아이들과 논다는 소문이 퍼졌다. 그러나 그런 이야기를 듣고도 노마 진은 조금도 화가 나지 않았다. 아, 다들 나만 지켜보고 있구나. 다들 내 이야기만 하고 있어, 라고 생각하자 화가 나기는커녕 남몰래 속으로 흐뭇하기까지 했다. 이게 열두 살 노마 진의 참모습이었다.

"이봐! 해변에 놀러가지 않을래?"

남자 친구가 이렇게 제안했을 때 노마 진은 기뻐서 펄쩍 뛰었다. 밤마다 해변가에서 남자 아이들과 논다고 소문이 난 노마 진이었지만 정작 한 번도 해변에 가본 적이 없었다.

이때 노마를 졸졸 따라다니며 남자 친구 노릇을 하던 청년은 자그마치 스물한 살이나 먹은 청년이었다. 그는 열세 살의 노마 진을 열여덟은 되었으려니 생각하고 있었다.

아홉에는 열둘로, 열둘에는 열다섯으로, 열셋에는 열여덟로, 그녀는 휙휙 나이를 건너뛰었다. 이제 노마는 꽤 노련해져서 굳이 나이를 밝히려고 들지 않았다. 아무도 믿어주지 않는 나이를 밝힌들 아무 이득도 없었기 때문이다.

"수영복을 가지고 와. 여기서 기다릴게."

남자 친구가 집 앞에서 말했다. 노마는 집에 들어가 스웨터를 빌린 그 동갑내기 아이에게 수영복을 또 빌렸다. 그녀는 몸에 꼭 끼는 수영복을 입고 거울 앞에 서서 이리저리 걷는 연습을 해보았다. 멋지게 걷는 일은 쉽지 않았다. 그렇게 걷기 연습에 몰입하다 보니 이럭저럭 한 시간이 지나갔다. 그녀의 지각 버릇은 데이트에서도 예외가 아니었다.

남자 친구가 참다못해 집 앞에서 고함을 치는 바람에 노마는 상상에서 깨어났다. 그녀는 짧게 한숨을 내쉬고 아쉬운 듯이 수영복 위에 낡은 블라우스와 치마를 덧입었다. 하느님과 아빠와 그레이스 이모는 내가 수영복 입은 모습을 예쁘게 보셨을까? 좀 더 연습하면 그분들을 더 만족시킬 수 있었을 텐데.

남자 친구와 함께 해변에 간 노마는 대단히 실망했다. 생전 처음 본 바다가 실망스러워서 그런 건 아니었다. 바다는 아름다웠다. 노마는 드넓은 수평선과 푸른 파도와 흰 거품이 부서지는 바다에 감탄했다. 다만 해변에 모여든 소녀들과 여자들이 모두 반벌거숭이 수영복 차림이라는 것이 실망스러웠던 것이다. 노마는 순진하게도 자기만 반벌거숭이 수영복 차림으로 돌아다니며 모든 남자들의 시선을 붙잡을 수 있을 것이라고 상상했던 것이다. 그러나 실망하기에는 일렀다.

"이봐! 이제 옷을 벗고 물 속으로 들어가자."

남자 친구가 이렇게 말했을 때 노마는 더욱 실망했다. 아니, 기껏 멋진 수영복을 입고서 몸을 물 속에 숨겨야 하다니. 걸음 연습을 얼마나 피나게 했는데.

노마가 망설이자 남자 친구는 그녀가 옷 벗기를 부끄러워하는 줄 알고 다시 고함을 지르려 했다.

"이봐! 바닷가에 와서는 누구나……."

노마가 얼른 블라우스와 치마를 벗고 수영복 차림이 되자 남자 친구는 돌연 꿀 먹은 벙어리가 되었다. 그는, 노마 진이 열세 살이라고 헛

소리를 하고 다니는 얼간이가 있지만 노마는 분명 열여덟임에 틀림없다는 확신과 함께 엄청난 감동에 휩싸였다. 감동에 휩싸인 사람은 남자 친구 혼자만이 아니었다.

대부분의 여자들이 수영복 차림으로 해변을 돌아다니고 있었지만 오직 노마만 수영복을 입고 있는 듯이 남자들은 오직 노마만 뚫어져라 쳐다보았다. 오직 노마만 수영복을 입고 있는 듯이 어떤 남자들은 모래사장에서 벌떡 일어났고, 어떤 남자들은 휘파람을 불거나 우우 늑대 소리를 냈고, 어떤 남자들은 노마의 뒤꽁무니를 졸졸 따라다녔다. 여자들마저도 노마가 지나가면 그녀의 우윳빛 피부와 날씬한 몸매를 훔쳐보기 위해 하던 일을 멈추었다.

수학시간의 열 배쯤 되는 반응이었다. 그래서 노마는 열 배쯤 더 행복했고, 열 배쯤 더 멋지게 해변을 거닐었고, 열 배쯤 더 아름답게 웃었다. 기다려. 노마 진. 기다려. 이건 아무 것도 아니야. 이보다 백 배쯤 행복해질 거야.

노마 진이 원했던 것은 다른 사람들의 관심과 시선이었다. 자신에게 관심을 보이고 자신을 쳐다봐주는 것, 그뿐이었다. 하지만 남자 친구들은 달랐다. 노마에게 사로잡힌 남자 아이들은 여러 부류가 있었다. 순진한 소년들은 뽀뽀나 가벼운 포옹에도 만족했고, 바람둥이 남자 아이들은 멋진 데이트 코스를 계획하고 낭만적인 대사를 몇 줄 준비해오기도 했다. 그러나 나이가 든 젊은 청년들의 경우에는 그 이상의 것을 원하고 있었다.

노마 진에게 매혹된 청년들은 한결같이 이렇게 말했다.

"노마, 너 때문에 미치겠어."

그들은 자기가 이렇게 된 것이 모두 노마 진 탓이라고 믿었다. 그녀의 눈빛 때문이라고, 흐느끼는 듯한 목소리 때문이라고, 나른한 걸음걸이 때문이라고 믿었다. 그러므로 모든 죄는 유혹한 노마 진에게 있는 셈이었다. 유혹 당한 남자 아이들은 오히려 희생자인 셈이었다.

날이 갈수록 소문은 나빠졌다. 남자 아이들은 노마를 줄줄 따랐지만 여자 아이들은 노마를 완전히 따돌렸다. 본능적으로 노마 진에게는 경쟁하는 여자 아이들의 화를 불 같이 치솟게 만드는 뭔가가 있었다. 그러나 그것은 동전의 뒷면이었다. 동전의 앞면은, 본능적으로 노마 진에게는 모든 남자 아이들을 불같이 타오르게 만드는 뭔가가 있다는 것이었다. 둘은 하나였다. 문제는 그녀의 보물섬이었다. 그녀는 날이 갈수록 예뻐졌다.

5. 열여섯 살의 신부

인기절정에 있을 때 노마 진은 같은 동네에 사는 짐 도허티란 청년과 벼락같이 결혼해버렸다.

짐과 노마.

커플 네임은 썩 잘 어울렸다. 상큼한 십대 영화를 찍어도 좋을 정도였다. 그러나 그들은 십대의 상큼한 연인이기는커녕 실제로는 아버지와 딸 같았고, 때로는 친구 같았고, 가끔은 나이 차이가 많은 이웃 같았다.

많은 남자 아이들의 눈에 피눈물을 고이게 만들며 노마가 갑작스레 결혼하게 된 까닭을 사과 쪽처럼 넷으로 나눠보자면, 4분의 1은 소문 탓, 4분의 1은 그레이스 이모 탓, 4분의 1은 양부모 탓이었다. 그리고 나머지 4분의 1은 노마 진, 그녀의 탓이었다.

열다섯이 되면서 노마 진은 슬슬 지쳐갔다. 그녀를 악착같이 추종하는 한 무리의 늑대같은 남자 아이들에게도, 그녀가 고개만 돌리면 그녀를 잡아먹지 못해 치를 떠는 여우같은 여자 아이들에게도.

게다가 남자 아이들은 나이를 먹을수록 점점 말을 안 들었다.

"여기서 당장 나가줘!"

그래도 남자 아이들은 꼼짝하지 않았다.

"괴롭히지 좀 마! 날 가만 내버려두란 말야!"

그래도 남자 아이들은 굴하지 않았다.

"저리 비켜! 난 너와 같이 있고 싶지 않아!"

그래도 남자 아이들은 다음 기회를 노렸다.

노마의 푸념을 들은 그레이스 이모는 뭐 그까짓 것을 가지고 고민하냐는 듯 단번에 해결책을 제시해주었다.

"결혼을 해, 노마 진."

"난 겨우 열다섯 살인데?"

"네 엄마도 열다섯 살에 결혼했어."

"음, 그렇구나. 그런데 누구랑 하지?"

"짐 도허티."

"짐 도허티라고? 이모, 맙소사!"

짐 도허티는 이웃에 사는 스물한 살 먹은 청년이었다. 짐은 동네에서 성실하고 예의바르다고 정평이 나 있었지만, 노마는 그를 다소 지겨운 남자로 여겼다. 인물 생김새는 좋은 편이었지만 별 특징도 매력도 없는 보통 남자였다.

"이모, 정말 그 사람은 아니야."

그런데 아홉 번째 양부모가 본의 아니게 짐 도허티를 결정적으로 도왔다. 그들은 곧 먼 곳으로 이사할 계획이었다. 그렇게 되면 노마는 다시 고아원으로 돌아가야 했다. 그때까지도 그레이스 이모의 형편은 나아지지 않아서 노마를 돌볼 여유가 없었다.

노마는 짐 도허티를 왼쪽에, 고아원을 오른쪽에 올려놓고 신중하게 저울질을 해보았다. 결국, 짐 도허티와 같이 사는 것이 고아원보다 낫다는 결론이 났다. 그래서 노마 진은 열여섯 살에 짐 도허티와 결혼하기로 했다.

그레이스 이모의 예감은 적중했다. 노마 진이 결혼하자, 그녀의 매력에 줄줄이 코를 꿰었던 남자 아이들은 구슬 목걸이의 끈이 끊어진 것처럼 와르르 흩어져버렸다. 마을 청년 중 누구도 도허티 부인에게 열정을 쏟으려 하지 않았다. 노마는 이모에게 이렇게 말했다.

"신기하다, 신기해! 아무리 이럴 수가! 결혼이 무슨 전염병도 아닌데!"

짐 도허티의 가족들, 즉 노마 진의 시댁 식구들은 둘의 결혼을 머리를 싸매고 반대하지도 않았지만 그렇다고 쌍수를 들어 환영하지도 않았다.

노마는 썩 탐탁한 며느리는 아니었다. 나이에 비해 설거지나 청소 같은 집안 일은 꽤 잘하는 편이었지만, 어른들의 비위를 맞추거나 어른들과 이런저런 대화를 나누는 일에는 서툴렀다. 그도 그럴 것이, 노마는 어릴 때부터 어른들을 무서워했다. 무서워하다 보니 싫어하게 되었다.

대신 노마는 어린아이들을 아주 좋아했다. 그래서 남편과 시댁 식구들이 카드놀이를 하거나 이야기를 할 때면, 노마는 몰래 집을 빠져 나와 길거리에서 아이들과 놀곤 했다.

"노마! 노마 진! 잘 시간이야. 어서 집으로 돌아와!"

남편인 짐이 어둠 속에서 이렇게 소리쳐 부를 때까지 노마는 아이들과 어울려 놀았다. 그리고 집으로 돌아와 아무 말 없이 남편과 한 침대에 누워 잤다. 결혼해서 좋은 게 있다면, 파양되어 고아원으로 돌아갈 일이 없다는 것, 다시는 흰 블라우스와 파란 치마와 밑창이 무거운 구두를 신지 않아도 된다는 것 정도였다.

짐과 노마가 결혼한 지 2년쯤 지났을 무렵에 제 2차 세계대전이 터졌다. 전쟁은 유럽에서 먼저 시작되었다. 미국은 당분간 전쟁의 추이를 지켜보며 방관적 자세를 취했다. 마침내 미국 정부가 참전을 결정하자 남자들은 누구나 전쟁에 나가서 공을 세우고 싶어 안달을 했다. 노마의 남편 짐 도허티도 마찬가지였다. 어린 신부가 혼자 남을 것을 걱정하여 입대 시기를 늦췄던 짐은 참다못해 해병에 입대하기로 결심했다. 노마도 마지못해 동의했다.

그러나 막상 짐이 전쟁터를 향해 떠날 날이 가까워오자 노마는 그가 결혼을 '배반'하려 한다며 그를 원망했다.

"떠날 거면 내게 아기라도 갖게 해주고 떠나요!"

짐이 떠나기 전날 노마는 거의 제정신을 잃고 소리를 지르며 떼를 썼다. 엄마가 노워크 정신병원에 가서 다시 돌아오지 않은 것처럼, 짐도 다시 돌아오지 않을지 모른다는 두려움을 느꼈기 때문이었다. 그러나 아기는 생기지 않았고 짐은 해병이 되어 떠났다.

노마는 집에서 할 일이 없었다. 전쟁 중이라 군수품을 생산하는 공장들은 정신없이 윙윙 돌아가고 있었다. 낙하산 공장에서 여공을 모집한다는 공고를 보고 노마는 집에 있는 것보다 차라리 취직을 하는 게 낫겠다고 생각했다.

노마가 작업복인 멜빵바지를 입고 낙하산 공장에 나타났을 때, 수학 시간과 바닷가 해변에서 일어났던 일이 똑같이 일어났다. 공장 직원들은 꼭 끼는 멜빵바지를 입은 노마 진에게서 눈을 떼지 못했다.

남편이 떠난 후, 처음에는 노마 진도 외로움을 느꼈다. 다시 혼자가 되었다는 기분은 결코 유쾌하지 않았다. 그러나 노마는 그 외로움을 공장 일을 통해 잊으려 했다. 낙하산을 점검하는 일, 페인트칠을 하는 일, 그리고 쇄도하는 데이트 신청을 접수하는 일로 그녀는 눈코 뜰 새 없이 바빴다.

노마 진은 공장에서 결혼한 부인처럼 행동하지 않았다. 일단 눈앞에 남편이 없었고, 사회생활을 하면서 인기를 끌다보니 스스로 결혼한 부인이라는 생각이 점점 들지 않게 되었다. 어떤 때는 자기가 결혼하지 않은 처녀 같다는 생각이 들기도 했다.

어느 날 낙하산 공장의 여공들을 술렁이게 만드는 흥미로운 사건 하나가 일어났다. 데이비드 코노버라는 유명한 사진작가가 젊은 여성 노동자들의 사진을 찍기 위해 낙하산 공장을 방문한다는 것이었다. 여공들은 누구나 코노버의 모델이 되고 싶어했다.

코노버는 공장을 한 바퀴 둘러보다 마음에 쏙 드는 여공을 발견했다. 더구나 그녀가 아주 능숙하게 포즈를 취하는 걸 보고는 매우 놀라워했다.

아름다운 여공, 노마 진은 카메라 앞에 서자 마치 거울 앞에 선 것처럼 자유롭고 신이 났다. 카메라의 렌즈는 거울의 눈과 마찬가지로 그녀를 단번에 사로잡았다. 누군가 자신의 일거수 일투족을 관심 있게 지켜보고 있다는 느낌은 그녀를 희열에 휩싸이게 했다.

"코노버 씨, 여기를 배경으로 이렇게 서보는 건 어떨까요?"

노마는 직접 코노버에게 공장을 안내하기도 하고 배경에 알맞는 멋진 포즈를 제안하기도 했다. 그녀의 제안은 아주 적절했고 사진촬영은 대성공으로 끝났다.

"당신은 모델이 되면 크게 성공할 것 같군요."

코노버는 공장을 떠나면서 노마에게 이렇게 말했다.

그 후로 노마는 짐에게 편지를 쓰는 일이 뜸해졌다. 노마는 거울 앞에서 이런 저런 포즈를 취해보며 입술을 깨물었다. 이렇게 했으면 더 좋았을 것을! 다시 한번 찍는다면 이렇게 해볼 텐데!

거울 앞에 선 노마의 머릿속엔 코노버의 말이 떠나지 않았다.

모델! 성공!

틈만 나면 노마는 코노버가 찍은 자기 사진을 뚫어지게 들여다보곤 했다. 이때 찍힌 노마 진의 모습은 지금 우리가 알고 있는 마릴린 먼로의 모습과는 조금 다르다. 머리칼은 금발이 아니라 갈색이고, 코는 동그란 복코에, 앞니가 살짝 튀어나왔고, 턱선은 매끈하지 않다. 요염하고 섹시하다기보다, 청순하고 건강한 '양치기 소녀'의 모습이다.

제 2차 세계대전이 끝나고 짐이 전쟁터에서 무사히 살아 돌아왔다.

다시 짐과 노마가 되었지만, 그러나 노마는 예전의 노마가 아니었다.

"모델이라니! 가당치도 않아. 잊어버려, 노마. 이제 돈은 내가 벌 테니까 공장도 그만 둬."

짐은 대수롭지 않게 말했다. 노마는 짐의 말대로 공장은 그만두었지만 결코 모델에 대한 꿈은 버리지 않았다.

군대에서 갖은 고생을 하고 돌아온 짐은 예전보다 철이 들었고, 노마에게 더 친절하고 다정했다. 그러나 모델의 꿈을 품고 사는 노마는 평범하기만 한 결혼생활이 지루해서 견딜 수가 없었다. 모든 게 지긋지긋했다. 살아있다는 느낌이 들지 않았다.

거울 앞에 있을 때의 그 느낌.

카메라 앞에 있을 때의 그 느낌.

사람들의 시선 속에 있을 때의 그 느낌.

노마는 힘찬 생선처럼 펄떡거리던 그 느낌을 되찾고 싶었다.

짐은 노마와의 안정적인 가정생활을 위해 아기를 가질 것을 제안했다. 그러나 노마의 생각은 달랐다. 짐이 전쟁터로 떠날 무렵 노마는 '아기를 갖게 해달라!' 고 떼를 썼었다. 그러나 이제 노마는 아기를 가질 생각이 눈곱만큼도 없었다. 모델의 꿈은 아기에 대한 생각은 물론, 결혼에 대한 생각까지 백팔십 도로 바꿔놓았다. 그래서 노마는 아기를 갖지 않기 위해 노력했다. 나중에 자서전을 쓸 때 마릴린은 이 대목에서 약간 재치를 부리게 되는데, 그때 자기가 아기를 낳지 않으려 한 것은, 아기가 자기처럼 불쌍한 고아가 될까 봐 두려워서 그랬다는 것이다. 사정이야 어찌 되었건 도허티 부부는 이혼할 때까지 쭉 아기가 없었다.

열여덟 살에서 열아홉 살이 될 즈음 노마의 삶에 큰 변화가 일어났다. 그 변화는 외부에서 온 것이 아니었다. 변화는 그녀 안에서 서서히 진행되었다.

어느 날 아침, 잠에서 깬 노마는 더 이상 지금처럼 살 수는 없다고 생각했다. 잔물결로 시작된 변화는 이제 걷잡을 수 없는 거센 파도가 되어 일렁이고 있었다. 누군가 노마의 귀에 대고 속삭이는 것 같았다. 기다리지 마. 노마 진. 이제 기다리지마. 노마 진은 마지막이 아니야. 노마 진은 최고야. 기다리지 마. 노마 진. 너는 1년 중 가장 화려한 달인 유월의 첫째 날에 태어났어. 너는 더욱 예뻐질 거고 모든 사람들이 널 사랑하게 될 거야.

노마는 몰랐겠지만, 그때 이미 그녀 인생의 절반이 끝나 있었다. 그 절반은 지독히도 슬프고 불행한 꼴찌의 시간이었다. 인생이 반밖에 남지 않았다는 어떤 예감이라도 있었을까? 노마는 잠자리에서 벌떡 일어나 주먹을 불끈 쥐었다.

"이대로는 안돼! 이대로는!"

노마는 자기 삶을 통째로 바꾸기로 결심했다. 짐과 이혼하는 한이 있더라도 모델이 되기로 결심한 것이었다. 누가 뭐래도 반드시 성공하기로 결심했다. 누가 뭐라는 사람도 없는데 노마는 팔을 휘두르고 발을 구르며 결심했다. 모든 반대에 맞서 싸우겠노라고 마구마구 외치며 결심했다.

그리고 결심한 대로 행동했다. 짐이 만류했지만 노마는 뿌리쳤다. 짐이 이혼해주지 않았지만 노마는 아랑곳하지 않았다. 그녀는 남편 곁을 떠나 할리우드로 직행했다. 그토록 혼자 남는 것을 두려워하던 노마는 꿈을 이루기 위해 그 두려움을 떨쳐버리기로 결심한 것이다.

아무리 나쁜 것이라도 지금과 똑같은 것보다는 나았다.

아무리 불확실한 미래라도 박힌 못처럼 꿈쩍 않는 현재보다는 나았다.

노마 진은 젊었다.

제2부
천사, 날개를 펴다

1. 꿈의 할리우드

드디어 할리우드로 간 노마 진은 즉시 모델 에이전시에 등록을 하고 모델 활동을 시작했다.

하루의 절반은 모델 일을 하는 것으로 보냈다. 백화점이나 상품 홍보를 위한 쇼에도 참가하고, 여러 잡지의 표지 모델도 되었다. 낙하산 공장에 왔던 코노버와도 일을 했고, 다른 사진작가와도 일을 했다.

그리고 나머지 절반은 프로 모델이 되기 위한 훈련을 받으면서 보냈다. 노마는 호기심은 많았지만 아는 건 없었다. 그래서 무조건 다른 모델보다 열심히 하려고 노력했다. 늑장을 부리고 지각하는 버릇도 고쳤

고, 준비도 나름대로 철저히 했다. 화장하는 법, 세련되게 옷 입는 법, 포즈를 취하는 법을 배우고 익혔다.

카메라 앞에서 노마는 매우 정열적이었다. 열아홉의 몸매는 탄력이 넘쳤고, 포즈를 취하는 감각 또한 천부적이었다. 그러나 어찌된 일인지 카메라 렌즈를 벗어나면 그녀는 바람 빠진 공처럼 기진맥진했고 넋이 나간 듯 맹해 보였다. 카메라가 비추지 않을 때면 그녀는 사무실 구석이나 자동차 안에서 아기처럼 몸을 잔뜩 움츠리고 잠을 자고 있기 일쑤였다.

"어디 아파요?"

하고 사람들이 물으면,

"아니에요."

하고 대답은 했지만, 병을 앓는 사람처럼 허약하고 기운이 없어 보였다.

그러나 다시 카메라가 돌면 마치 요술지팡이로 톡 건드린 것처럼 그녀의 눈엔 졸음이 싹 가시고, 꿈꾸는 듯 황홀한 표정이 되었으며, 거침없는 매력을 뿜어댔다. 그녀는 흡사, 카메라가 켜지면 반짝 살아나고 카메라가 꺼지면 꼴깍 죽어버리는, 카메라의 요정과도 같았다.

노마가 하루 일을 끝내고 셋방으로 돌아오는 길, 할리우드 거리의 불빛은 휘황했고 사람들은 둘셋 씩 짝을 지어 어디론가 바삐 걸어가고 있었다. 그들의 밤은 뭔가 흥겹고 재미난 일로 가득할 것 같았다. 물론 할리우드에도, 노마 진이 지나가면 휘파람을 불고 따라오며 말을 거는 남자들은 많았다.

"어이, 아가씨! 예쁜데!"

"어디 가서 술이라도 한잔할까?"

"아가씨! 나하고 화끈하게 춤추러 갑시다."

노마가 대답하지 않으면 남자들은 코웃음을 치며 가버렸다.

"흥! 도도하다 이거지?"

노마가 보기엔 참 시시한 남자들이었다.

방에 돌아와 창 밖을 내다보면 멀리 선셋 대로 위로 자동차들이 불빛의 행렬을 이루어 어디론가 달려가고 있었다. 그들의 밤은 뭔가 화려하고 상류층다운 분위기로 가득할 것 같았다.

노마에게는 친구도 친척도 없었고, 갈 곳도 오라는 곳도 없었다. 노마는 여자 모델들과 친하게 지내지 못했다. 어찌된 일인지 여자들은 그녀만 보면 냉담한 표정을 지었고 찬바람을 일으켰다. 자기들이 더 벌거벗은 차림이면서도 노마가 조금 몸을 드러내는 옷만 입으면 아낌없이 경멸의 시선을 보냈다. 그래서 노마는 이렇게 생각하기로 했다.

"언제는 뭐 친구가 있고 친척이 있었나?"

유일한 친구이자 친척이라면 그레이스 이모뿐이었다. 그레이스의 형편은 변함없이 안 좋았다. 예나 지금이나 50센트에 목숨을 걸 만큼 일관되게 가난했다. 그래서 노마는 돈이 생기지 않으면 그레이스 이모에게 가지 않았다.

하지만 돈이 생겼을 때면 제일 먼저 그레이스 이모에게로 달려갔다. 이모에게 줄 선물을 잔뜩 샀고, 저녁이면 중산층 여인들처럼 레스토랑이나 극장에도 갔다. 그러니 몇 푼 안 되는 돈은 순식간에 손에서 빠져나갔다.

그랬다. 아무리 외롭고 쓸쓸해도, 가장 급한 건 뭐니뭐니해도 돈이었다. 모델 일거리가 있을 때면 방세도 낼 수 있고 하루 두세 끼 정도는 사 먹을 수 있었다. 그러나 일거리가 떨어지면 방세는커녕 끼니도 잇기 어려웠다. 하루 벌어 하루 사는 생활처럼 불안한 것도 없었다.

그러나 노마는 이렇게 생각하기로 했다.

"굶으면 배가 빨래판처럼 납작해지니 좋잖아?"

모든 걸 낙천적으로 바꿔 생각하지 않으면 할리우드에서 하루도 버틸 수 없었다.

배가 빨래판처럼 평평하다 못해 발바닥의 오목한 곳처럼 움푹 파이는 한이 있더라도, 빵값보다 먼저 지출해야 할 비용이 생겼다. 연기 학원에 내는 강습료였다.

노마는 모델 이외에, 여배우가 되려는 꿈을 남몰래 키워가고 있었다. 외롭고 힘들수록 희망은 새록새록 늘어만 갔다.

"아리아드네는 아크라카로니안 산맥의 눈 속에 있는 소파에서 일어났도다. 아아, 기쁜 영혼이여. 그대가 새라면!"

노마는 아리아드네가 누구인지 아크라카로니안 산맥이 어디에 있는

지 몰랐지만, 학원에서 시키는 대로 대사에 감정을 실어 열심히 외쳐댔다. 대사만 잘 외우면 언제라도 배우가 될 수 있는 것처럼 고픈 배를 공명시키며 "아아, 기쁜 영혼이여!"를 외쳐댔다.

밤이면 불빛이 휘황한 할리우드 거리와 자동차들이 꼬리를 물고 달리는 선셋 대로를 바라보며 노마 진은 생각에 잠겼다.

'할리우드에는 배우가 되려고 몰려든 젊고 예쁜 아가씨들이 수천명, 수만 명은 있을 거야. 그러나 나는 걱정하지 않아. 그들 중에서 내가 가장 열심히 꿈꾸니까.'

이때부터 노마 진의 '그러나 꿈꾼다' 는 세계관이 생겨났다.

'나는 연기에 대해서는 아무 것도 몰라. 그러나 나는 걱정하지 않아. 내가 가장 열심히 꿈꾸니까.'

모든 조건이 나쁘지만 '그러나 가장 열심히 꿈꾼다' 는 것, 노마의 힘은 거기 있었다.

어느 날 식당에서 나이든 신사가 노마 진에게 말을 걸어왔다. 노마는 그 신사가 마음에 들었다. 그들은 꽤 오랫동안 이야기를 나누었다. 식당에서 나와 길을 걸으면서도 이야기를 계속했다. 주로 노신사가 이야기를 하면 노마는 귀 기울여 들었다.

노신사는 할리우드란 도시에 대해 잘 알고 있었다.

"이 도시는 지난 40년 동안 정말 많이 변했어."

"아! 40년 전에도 여기 사셨어요?"

노마가 놀라서 물었다.

"그럼. 여기 살았지."

잠시 후 노신사가 물었다.

"아가씨 눈에는 내가 몇 살쯤으로 보이나?"

"예순……?"

노신사가 흡족한 듯 웃었다.

"얼마 전에 일흔일곱 번째 생일이 지났다오."

"오, 세상에! 믿을 수 없어요."

노신사의 이름은 빌 콕스였다.

콕스 노인은 노마가 할리우드에서 처음 사귄 친구였다. 그는 나이가 많은 만큼 경험도 많았고 아는 것도 무궁무진했다. 그래서 애깃거리가 끊이지 않았다. 예전에 노마가 입양되었던 집의 백 살 넘은 할머니와 비슷했다. 그러나 콕스 노인은 그 할머니보다 훨씬 유식했고, 노마에게 훨씬 친절했다. 노마는 콕스 노인의 집에 자주 놀러갔고, 그의 아내와도 친해졌다.

가장 좋았던 점은 콕스 노인이 에이브러햄 링컨에 대해 아주 잘 알고 있다는 점이었다. 노마는 어려서부터 흑인을 노예에서 해방시킨 링컨 대통령을 가장 존경해왔다. 노마는 콕스 노인과 할리우드의 밤거리를 거닐면서 링컨의 출생부터 전 생애에 걸친 이야기를 들었다. 그럴 때면 친할아버지랑 산책하는 느낌이었다. 가족이 생긴 것 같아 좋았다. 귀찮게 "어이, 아가씨!"하고 말을 걸며 따라오는 남자들도 없었다.

그러나 콕스 노인은 몸이 좋지 않아 고향인 텍사스로 돌아가고 싶어 했다.

"고향 아닌 곳에서 죽기는 정말 싫거든."

노마는 그 기분을 이해할 것도 같았다. 그녀도 나중에 늙어 죽을 때가 되면 고향에 돌아가고 싶을지 모르겠지만, 아무튼 지금은 그런 걸 생각할 때가 아니었다.

텍사스로 떠난 후 얼마 지나지 않아 콕스 노인에게서 편지가 왔다. 노마도 답장을 썼다. 그렇게 몇 번 편지가 오고 간 후, 어느 날 콕스 노인의 아내에게서 편지가 왔다. 노마는 식당에서 밥을 먹으면서 그 편지를 꺼내 읽었다.

'노마 진, 우리 영감이 죽었다우.'

노마는 편지의 첫 문장을 읽자마자 엉엉 소리내어 울기 시작했다. 하필 콕스 노인과 처음 만났던 바로 그 식당이었다. 노마는 식당에서 집으로 돌아오는 내내 울면서 걸어왔다. 콕스 노인과 에이브러햄 링컨이 없는 할리우드는, 그들을 몰랐을 때보다 더욱 노마를 외롭게 했다.

노마는 아무 생각 없이 거리를 방황했다.

일요일이면 노마는 화장도 하지 않고 머리도 빗지 않고 스타킹도 신지 않고 밖으로 나갔다. 먼저 유니언 역으로 갔다. 노마는 그곳 대합실에 앉아 사람들을 구경했다. 기차가 도착하고 출발할 때마다 여행가방을 든 남자들과 아기를 안은 아낙들과 예쁘게 차린 처녀들이 밀물과 썰물처럼 밀려왔다 밀려갔다. 사람들이 어디서 몰려와 어디로 바삐 가는지 노마는 궁금했다.

유니언 역에서 나와서는 길거리 모임을 구경했다. 주로 교회에서 주최하는 모임이었다. 목사가 빈 음료수 박스 위에 서서 모여 있는 사람들에게 설교를 하곤 했다.

"하느님은 당신을 사랑하십니다. 하느님께 영혼을 바치십시오."

노마는 목사의 설교를 들으며 그레이스 이모가 해준 말들을 떠올렸다. 하느님은 너를 사랑하시고 너를 항상 지켜보고 계시단다, 노마.

길거리 모임의 사람들은 기쁨에 충만한 얼굴로 목사의 설교를 듣고 있었다. 그러나 노마는 그들을 믿지 않았다. 하느님은 믿었지만, 하느님을 믿는다고 하는 자들은 믿지 않았다. 그녀가 입양된 가정의 식구들도 모두 하느님을 믿었고 교회에서 기쁨에 충만한 얼굴로 기도를 올렸다. 심지어 키멜마저도 하느님을 믿었다. 키멜, 키멜, 키멜. 그녀에게 몹쓸 짓을 하고 동전 한 닢으로 그녀의 입을 막으려 했던 키멜마저도. 아홉 살 그때는 몰랐지만 이제 노마 진은 알았다. 키멜이 아홉 살 노마에게 어떤 짓을 했는지.

모금하는 모자가 돌 때 노마는 자리를 빠져 나왔다. 키멜의 음침하고 어두운 얼굴 위에 얹혀있던 모자가 생각났기 때문이다. 왜 하필 저

따위 더러운 사내들의 모자로 모금을 하는지 노마는 죽었다 깨도 알 수 없을 것 같았다.

노마 진은 스무 살이 되었다.

할리우드에 온 지도 1년이 지났다.

20은 노마에게 행운의 숫자였다. 20살의 노마는 20세기 폭스 사와 인터뷰를 했고 카메라 테스트를 받았다.

"무대로 걸어가서 앉아 봐요. 이제 담배에 불을 붙여요. 담배를 끄고 무대를 거닐어 봐요. 좋아요. 계속 걸어요. 이제 창문 밖을 바라봐요. 다시 이쪽으로 돌아와요."

노마는 시키는 대로 했다. 그녀의 역할은 '무성 영화 시대의 인기 스타'처럼 행동하는 것이었다. 얼마나 거울 앞에서 오래 연습한 것들인가? 그녀의 스텝은 완벽했고 화면에 비친 모습은 매우 예쁘고 인상적이었다. 20세기 폭스 사의 캐스팅 담당자는 스무 살의 노마와 계약했다. 안타깝게도 계약기간은 1년이었다. 20년이었으면 더 좋았을 텐데.

캐스팅 담당자는 노마 진에게 단 하나 불만이 있었는데, 그건 노마 진이란 이름이었다.

"좀더 매력적인 이름이 있었으면 좋겠는데, 뭐가 좋을까? 음…… 마릴린이 어때요? 아가씨 스타일이나 분위기와도 맞고."

"좋아요."

마릴린은 일 초도 생각하지 않고 대답했다. 노마 진이라는 이름에는 조금의 미련도 없었다. 마릴린은 기쁜 소식을 제일 먼저 전하기 위해 그레이스 이모에게로 달려갔다.

"이모! 내가 취직이 됐어. 20세기 폭스 사라구. 할리우드에서 제일 좋은 영화사란 말이야."

"잘됐구나."

그레이스는 밝게 미소짓고 있었지만 창백하고 피곤해 보였고, 초점이 잘 맞지 않아 한쪽 눈을 게슴츠레 뜨고 있었다. 그 놈의 50센트 때문에 한쪽 안경알을 잃어버렸는데도 새 것으로 갈아끼우지 못하고 있었다. 마릴린은 이모 품에 가만히 안겼다.

"이제 모든 게 달라질 거야, 이모. 걱정하지 마. 이름도 마릴린으로 바꿨어. 이제 모든 게 달라질 거야."

"오, 마릴린! 예쁜 이름이구나."

그런데 이모와 커피를 마시며 가만히 생각해보니, 이름보다 성이 더 문제였다. 글래디스가 막 태어난 아기의 이름을 노마라고 지어놓고 어떤 성을 붙일까 고민할 때와 비슷한 상황이었다.

마릴린은 아직 짐 도허티와 이혼서류가 정리되지 않은 상태였다. 그러나 마릴린 도허티는 몹시 어울리지 않았다. 그렇다고 결혼 전 성을 붙여 마릴린 베이커나 마릴린 모텐슨이 된다는 것도 마음에 들지 않았다.

그레이스 이모는 그까짓 게 뭐 고민이냐는 듯 재까닥 해결책을 제시

해주었다.

"네 엄마의 결혼 전 성은 어때?"

"엄마의 결혼 전 성이 뭔데?"

"네 외가 쪽 성 말이야."

"내 외가 쪽 성이 뭔데?"

"이런! 그것도 모르고 있었구나, 노마 진. 아니, 이제 마릴린이지. 네 외가쪽 성은 먼로란다."

"먼로?"

"마릴린 먼로! 어때?"

"와! 너무 멋져!"

이렇게 해서 1946년 8월 26일 마릴린 먼로라는 스무 살짜리 햇병아리 배우 지망생이 탄생했다. 이름도 바꾼 김에 곱슬거리는 긴 갈색 머리를 짧게 잘라 단발로 만들고 황금빛으로 염색도 했다. 더욱 다행스러운 것은, 질질 끌던 짐 도허티와의 이혼도 마무리되었다는 점이다.

이제 마릴린의 앞길에는 거칠 것이 없어 보였다.

열심히 꿈꾸기만 하면 모든 것을 움켜쥘 수 있을 것 같았다.

꿈의 도시 할리우드에 온 지 1년 만의 일이었다. 그러나……

2. 인간적인 너무나 인간적인

할리우드가 꿈의 도시라고?

아니다. 할리우드는 너무나 인간적인, 견디기 힘들 만큼 인간적인 도시였다. 자살충동에 시달리는 실패자들의 도시, 한탕을 노리는 사기꾼들의 도시, 예쁘게 치장한 미인 거지떼들의 도시였다.

마릴린은 이 중 마지막에 속했다. 몸매가 짱짱한 전국 미인대회 입상자들, 지적이고 연기력 있는 여대생들, 고향에서는 얼굴 예쁘기로 난다 긴다 소리를 듣던 시골 아가씨들과 함께.

이렇게 스타를 꿈꾸는 '미인 거지떼' 뒤에는 항상 배고픈 하이에나처럼 사기꾼 남자들이 뒤따르고 있었다. 사기꾼은 사기를 치려는 목적에 따라 두 종류로 나뉘었다.

그 중 첫 번째 부류는 이러했다.

"마릴린. 내가 정말 잘 나가는 에이전트를 알고 있는데, 그 사람이 네 사진을 보고 놀라서 기절할 뻔했대. 한 번 만나보고 싶다는데 네 생각은 어때? 이게 기회일지도 모르잖아?"

어느 날, 마릴린이 알고 지내던 한 청년 사진작가가 이렇게 말했다.

"누군데?"

마릴린이 관심을 보이자 청년은 입에 침이 튀게 설명하기 시작했다.

"라인하르트라고, 부다페스트에서 아주 잘 나가는 제작자가 있거든."

"아, 들어본 것 같아. 어머나, 설마 그 사람이 날 만나자고 하는 거야?"

"그러니까 그게, 라인하르트는 아니고, 이 사람은 라인하르트 바로 다음 가는 사람인데, 엄청 통이 크고 대단한 사람이야. 여러 소리 하지 말고 일단 만나보자고."

마릴린은 청년과 함께 라인하르트 다음 가는, 엄청 통이 크고 대단하다는 사람을 만나러 갔다. 그 남자는 매우 뚱뚱했고 대단히 말을 잘했고 교양도 있어 보였다.

"훌륭한 배우가 되겠다는 꿈을 갖고 있다면서요, 마릴린?"

그 남자가 물었다.

"네."

"좋아요. 아주 좋아. 그런데 말이죠."

"……."

"배우가 되는 것도 좋지만 직접 영화사를 차려서 좋은 예술 영화를 만드는 건 어떻게 생각해요?"

"예술 영화요?"

"그렇죠. 할리우드식 싸구려 대중 영화 말고, 진짜 예술 영화 말이에요."

"그러면 좋겠지만……."

"좋아요. 아주 좋아. 당신은 아름다운 데다 말까지 잘 통하고 운도 썩 좋은 편이에요. 자, 그런 원대한 목적을 위해 결혼할 생각이 있나요, 마릴린?"

"결혼, 이라고 하셨나요?"

아니, 겨우 천신만고 끝에 짐 도허티와 이혼했는데 또 결혼이라니.

"그래요. 결혼! 그것도 백만장자하고의 결혼!"

사연인즉 이랬다. 일흔한 살의 백만장자가 젊고 아름다운 신부감을 얻기 위해 오십 명도 넘는 아가씨들의 사진을 훑어보았는데, 그 중에서 마릴린의 사진을 콕 찍어 마음에 들어했다는 것이다. 그 백만장자는 혈압이 매우 높은데다 친척이 아무도 없다고 했다. 그러니 그가 죽으면 마릴린이 전 재산을 물려받을 수 있다는 것이다.

"6개월 안에 당신이 2백만 달러를 상속받은 과부가 되지 않으면 내가 책임을 지겠소. 확실해요. 더 빠를 수도 있어요."

라인하르트 다음 가는 사람이 말했다.

"그 중에서 백만 달러는 네가 가져. 나머지 백만 달러는 우리가 나눠 가질게."

청년 사진작가가 덧붙였다.

그러니까 요점은, 백만장자의 2백만 달러 중에 마릴린이 백만 달러를 갖고, 자기들이 백만 달러를 나눠 가질 것인데, 마릴린의 백만 달러로는 영화사를 차리자는 것이다. 그래서 할리우드식 대중 영화가 아닌, 진짜 예술 영화, 진짜 돈 안 되는 예술 영화를 만들자는 것이다. 마릴린은 그 진짜 예술 영화의 여주인공이 되고, 청년 사진작가는 감독이 되고, 라인하르트 다음 가는 엄청 통이 크고 대단한 사내는 제작자가 되는 것, 이게 그들의 시나리오였다. 사기꾼의 첫 번째 종류는 이렇게, 예쁜 아가씨를 내세워 어떻게든 부자들의 돈주머니를 열어보려는 브로커들이었다.

두 번째 부류는 이러했다.

"저는 존 실베스터라는 사람입니다. 새뮤얼 골드윈 영화사에서 일하는 스카우트 담당자입니다. 마릴린 먼로 양이시죠?"

어느 날 마릴린의 방으로 전화가 걸려왔다.

"네, 그런데요."

"먼로 양과 같은 외모의 배우를 이제껏 찾아 헤매고 있었습니다. 어디 계셨다 이제 나타나셨습니까? 아주 큰 배역은 아니지만 우리 영화에서 없어서는 안될 중요한 배역을 맡기고 싶습니다. 지금 당장 만나 뵐 수 있을까요?"

마릴린은 흥분했다. 이제 드디어 영화에 출연하게 되는구나. 열심히 꿈꾼 대가가 돌아오는구나.

"네. 제가 지금 당장 새뮤얼 골드윈 영화사로 가면 되나요?"

"아아, 그건 절대 안 됩…… 아니, 제 말은 제가 모시러 가야 한다는 뜻입니다. 위대한 스타가 되실 먼로 양이 여기까지 직접 찾아오시다니 말이 됩니까? 하하하!"

존이란 남자가 집 앞으로 데리러 올 동안 마릴린은 연기 학원에서 배운 대사를 부지런히 외웠다. 아리아드네가 아크라카로니안 산맥의 눈 속에 있는 소파에서 수백 번도 더 앉았다 일어난 후 존이 도착했다.

존의 차는 골드윈 영화사의 정문을 지나 빙 돌아 뒷문으로 들어갔다.

"이게 지름길이거든요."

차에서 내린 존은 마릴린을 데리고 사무실로 올라갔다.

"문이 잠겼으면 안 되는데…… 아니, 제 말은 직원들이 제가 퇴근한 줄 알고 문을 잠그고 갔을 수도 있다는 말입니다. 하하하!"

다행히 문은 열려 있었지만 문 앞에는 '던건'이라는 명패가 붙어 있었다.

"제가 던건 씨와 같은 오디션 사무실을 씁니다. 어서 들어와요, 마릴린."

존 실베스터는 마릴린에게 대본을 주고 읽어보라고 했다. 마릴린은 호흡을 가다듬고 대사를 읽기 시작했다. 마음을 가라앉히려 했지만 자꾸 흥분이 되었다.

"먼로 양. 배역에 적합한지 체크하기 위해서 그러는데, 치마를 조금만 위로 올려볼래요?"

마릴린은 치마를 조금 올리고 다시 대사를 읽었다.

"조금만 더"

워낙 바쁜 사람이니까 연기와 몸매를 한꺼번에 심사하려나 보다 생각하고 마릴린은 치마를 조금 더 올렸다.

"조금만 더. 조금만 더."

존이 슬금슬금 다가와 몸을 더듬는 순간 마릴린의 머릿속에 어릴 적 기억이 되살아났다. 환청처럼 키멜의 목소리가 들려왔다. 착하지? 얌전하게 있어야지?

다행히 존은 키멜처럼 문을 잠그지는 않았다. 그리고 이제 어리고 힘없는 노마 대신 젊고 건강한 마릴린이 있었다. 마릴린은 일단 주먹으로 존의 눈을 때리고, 뾰족한 구두로 그의 발을 내려찍고, 사뿐 뛰어올라 그의 옆구리를 걷어찬 후, 뒤도 돌아보지 않고 사무실을 도망쳐 나왔다. 사기꾼의 두 번째 종류는 이렇게 예쁜 아가씨를 골라내 수단과 방법을 가리지 않고 '조금만 더' '조금만 더' 유혹해보려는 호색가들이었다.

스타가 된 후 마릴린은 가끔은 그 시절을 그리워했다.

큰 사기꾼도 못되는 피라미 사기꾼들이 영화사 근처에 득실거리고, 미인 거지떼에 합류하기 위해 예쁜 아가씨들이 매일 아침 유니언 역에 왕창왕창 내리고, 한때는 유명했으나 이미 잊혀진 영화배우들과 감독들이 밤마다 자살을 꿈꾸던, 너무나 인간적이었던 할리우드의 그 시절을.

마릴린은 할리우드라는 피라미드를 떠받치고 있는 저변의 하층 그룹들을 이해했다. 그들도 그녀만큼 외롭고 힘들었을 것이므로.

3. 그들만의 파티

20세기 폭스 사와 계약을 하기는 했지만 마릴린은 한동안 배역을 얻지 못했다. 하지만 여기저기 모임과 파티에 불려 다니느라 좀 바빠지긴 했다.

무엇보다 마릴린은 젊고 금발이고 아름다운 몸매를 가지고 있었다. 더구나 달콤하면서도 허스키한 목소리, 나른한 걸음걸이, 장난스러운 웃음, 남의 애를 태우는 눈빛도 있었다.

마릴린은 어딜 가나 어여쁜 마스코트 노릇을 했다. 그녀는 돈 많은 남자들의 리무진을 타고 눈이 튀어나올 만큼 음식 값이 비싼 카페에도 가고, 천 달러짜리 지폐가 오가는 도박장에도 가고, 비버리힐스 저택의 파티에도 초대받았다.

이때부터 마릴린의 지각하는 버릇이 도졌다. 이 버릇은 평생을 두고 마릴린을 괴롭혔고, 사람들에게 매우 좋지 않은 이미지를 심어 주었다. 그러나 마릴린에게도 나름대로 이유는 있었다.

첫 번째 이유로는 입고 갈 만한 드레스나 스타킹, 구두가 변변히 없었기 때문이다. 제발 사람들이 내 10달러 짜리 드레스를 알아보지 않기를. 제발 내 구두의 해진 곳을 몰라보기를. 어떻게 앉아야 스타킹의 꿰맨 부분이 덜 보일까? 마릴린의 걱정은 한두 가지가 아니었다.

두 번째 이유로는 모임이나 파티란 것이 다녀보면 다녀볼수록 낭만적인 데라곤 조금도 없이 지루하기만 했기 때문이다. 그토록 유명한 배우와 감독들이 모여서 그토록 지루한 이야기만 나눈다는 사실이 마릴린으로서는 놀라웠다. 외로운 밤, 선셋 대로를 지나가는 멋진 자동차들의 행렬을 바라보며 그녀가 꿈꾸었던 상류층 파티의 분위기는 이런 것이 아니었다. 그나마도 파티에서 열렬히 떠들어대는 사람은 고작 서너 명 정도였고, 수십 명이 넘는 참석자들은 억지로 미소를 띄운 채 가만히 앉아만 있었다. 물론 그녀도 억지 미소에 가만히 앉아만 있는 축이긴 했지만 말이다.

세 번째 이유로는 늦게 가면 사람들의 주목을 받을 수 있다는 계산 때문이었다. 싫건 좋건 사람들은 지각한 사람을 쳐다보게 된다. 이런 시선의 집중을 그녀는 열두 살 수학시간 이후로 잘 알고 있었다. 늦게 파티장에 들어설 때마다 그녀는 누군가 그녀 안에 있는 보물섬을 알아봐주기를 바랐다. 제발 해진 구두나 꿰맨 스타킹은 말고.

그래서 마릴린은 파티복을 마련할 돈이 생기자마자 자기가 보기에 가장 야한 드레스를 샀다. 열두 살 적 스웨터는 댈 것도 아니게, 가슴선이 드러나는 빨간색 드레스였다. 마릴린이 이 드레스를 입고 뒤늦게 나타나면 여자들은 불쾌해 했고, 남자들은 아찔해 했다. 그녀는 혀를 메롱 내밀고 싶을 만큼 좋았다. 자기가 다른 여자를 질투하는 것보다 다른 여자들이 자기를 질투하는 게 백 배 더 나았으니까.

마릴린이 비록 지각은 할 망정 초대받은 파티에 꼭꼭 참석한 것은, 우선 맛있는 음식을 마음껏 먹을 수 있기 때문이었다. 일단 파티에 가면 마릴린은 스타킹의 꿰맨 자리가 보이지 않도록 교묘하게 다리를 꼬고 앉은 후, 팔꿈치의 해진 부분을 적당히 감추면서 온갖 음식들을 먹어치웠다. 눈물이 날 만큼 맛있었다. 세상에는 이렇게도 맛있는 음식이 많았다. 마릴린은 먹는 데 있어서 만큼은 누구의 눈치도 보지 않았다.

다음으로 파티는 마릴린이 자신을 널리 알릴 기회였다. 누군가 유명한 남자가 그녀에게 무례한 짓을 하거나 수작을 걸면 신문 연예면에 그녀 이름이 오르내릴 수도 있었다. 스스로 직접 유명해지지 않고 다른 유명인에 기생해서 유명해지는 여자들은 의외로 많았다. 마릴린이라고 그렇게 되지 말란 법은 없었다. 일단 유명해지고 보자는 것이 할리우드 여자들의 공통된 목표였다. 할리우드에서 유명해지지 못한다는 것은, 음식에 비유하기를 좋아하는 마릴린 식으로 말하자면 "쇠고기 구이 냄새가 사람을 돌게 만드는 잔칫집 밖에서 배고파 죽을 지경으로 떨고 서 있는 것"과 같았다. 따라서 마릴린의 꿈도 조금은 비겁해질 수밖에 없었다.

이즈음 할리우드에는 마릴린이 '조셉 셍크의 여자'라는 소문이 파다하게 퍼져 있었다. 조셉 셍크는 20세기 폭스 사에서 매우 중요한 직책을 맡고 있는 인물이었다.

조셉은 자기 집에서 파티를 열 때마다 마릴린을 초대했다. 그는 마릴린을 '특이한 성격'을 가진 아가씨라고 생각했고, 파티의 장식품으로 아주 적합하다고 여겼다. 마릴린은 파티에서 거의 말을 하지 않았고 주로 먹거나 조셉의 이야기를 듣기만 했다.

조셉은 주로 사랑에 대한 이야기를 많이 하는 편이었다. 그는 이 분야에 경험이 많은 '탐험가'였다. 그의 이야기를 들으면서 마릴린은 그의 얼굴을 물끄러미 쳐다보았다. 그의 이야기가 재미있어서가 아니었다. 그의 얼굴은 마릴린에게 한 남자의 얼굴이 아니었다. 한 도시의 얼굴, '할리우드라는 도시의 역사가 담긴 얼굴'이었다.

조셉의 여자라는 소문이 파다하다고 해서 마릴린으로서 특별히 좋을 것도 없었지만 특별히 나쁠 것도 없었다. 일단 마릴린은 영화사의 우두머리인 조셉이 자기를 파티에 자꾸 초대하고 자기와 친하게 지내려는 것으로 보아 자기를 계속 잘 보호해줄 것이라고 생각했다. 그녀는 조셉과 함께 있으면 안전하다는 느낌을 받았다. 아버지와 함께 있는 것처럼. 그러나…….

마릴린은 스물한 살 때 처음으로 영화에 출연했다. 〈스쿠다 후 스쿠다 헤이〉라는 영화였는데, 아무리 눈 밝은 관객도 이 영화에서 마릴린의 모습을 찾아낼 수는 없다. 마릴린이 맡은 역은 참으로 보잘것없었다. 더구나 마릴린이 클로즈업된 보트 위의 장면이 편집과정에서 싹둑 잘렸으므로, 먼 거리에서 롱숏으로만 촬영된 그녀의 모습은 아무도 알아볼 수 없을 만큼 작았다.

두 번째 영화인 〈위험한 세월〉에서도 사정은 마찬가지였다. 마릴린은 주크박스 코너에서 일하는 여종업원으로 등장했는데, '행인1'이나 다름없이 미미한 역할이었다.

계약기간인 1년이 지나자 20세기 폭스 사는 마릴린을 단칼에 해고했다.

"연기를 너무 못하고, 카메라를 잘 받지 않아서."

이게 이유였다. 마릴린은 억울했다. 연기를 언제 시켜주기나 해봤는가? 카메라를 언제 비춰주기나 해봤는가?

20이란 행운의 숫자는 그 효력이 너무 짧았다.

마릴린은 아무리 생각해도 자신을 해고한 것이 20세기 폭스 사가 아니라 조셉 솅크일 거라는 느낌을 지울 수가 없었다. 늘 그녀를 파티에 불러놓고 사랑에 대한 이야기를 늘어놓으면서도 속으로는 그녀가 연기를 못하고, 소위 말하는 '카메라발'을 받지 않으니 해고해야겠다고 생각하고 있었다니 마릴린은 기가 막히고 부끄럽고 몸 둘 바를 몰랐다.

'조셉 솅크의 여자'라는 꼬리표가 붙었지만, 마릴린은 정작 조셉과는 손 한번 잡은 일이 없었고, 조셉으로부터 아무런 보호도 받지 못했다. 해변가에서 술을 마시고 남자 아이들과 논다고 소문이 났지만 정작 해변에는 한 번도 가본 적이 없던 열두 살 무렵처럼.

마릴린은 거의 절망적인 기분이었다. 단지 연기를 못해서 잘린 거라면 괜찮았다. 앞으로 피나는 노력을 해서 연기 실력을 쌓으면 되니까. 그러나 얼굴이 못생겨서 카메라를 잘 받지 않는다면 대책이 없었다. 여배우가 되기에는 치명적인 결함이었다.

마릴린은 가만히 거울을 들여다보았다. 거울 속의 그녀는 정말 예쁘지 않아 보였다. 스무 살의 그녀와 스물한 살의 그녀 사이에 어떤 무시무시한 변화가 일어난 것 같았다. 그도 그럴 것이, 스무 살에는 자신을 고용한 영화사의 눈으로 자신을 보았고, 스물한 살에는 자신을 해고한 영화사의 눈으로 자신을 보았기 때문이다. 그런 눈길의 차이는 그녀를 한순간, 천사에게 마귀할멈으로 바꿔놓았다.

마릴린은 울고 또 울었다. 일주일 동안 울고불고 지내던 어느 날, 그녀는 조셉 솅크의 비서로부터 전화를 받았다.

"먼로 양. 오늘 밤 조셉 셍크 씨 저택에서 파티가 있는데, 셍크 씨가 먼로 양을 초대한답니다."

아무 일도 없었다는 듯 그녀를 초대하는 조셉의 마음을 알 수 없었다. 할리우드란 이런 곳인가. 이토록 비정하고 위선적인 도시인가.

그래도 마릴린은 파티에 갔다. 여전히 가슴선이 드러나는 빨강 드레스를 입고, 여전히 지각생인 채로. 마릴린다운 행동이었다.

파티는 예전과 다름없었지만 마릴린은 자꾸 얼굴이 화끈거리고 사람들과 눈을 마주칠 수가 없었다. 어렸을 때 일반 가정집으로 입양되었다가 파양되어 다시 고아원으로 돌아왔을 때의 기분이었다.

조셉은 평소처럼 거실 벽난로 앞에서 마릴린과 이런저런 이야기를 나누었다. 마릴린은 그의 말에 귀를 기울이고 있었지만 정신이 오락가

락해 그가 무슨 소리를 하는지 잘 알아듣지 못했다. 그러다 문득 그녀의 귀에 정통으로 꽂히는 질문이 있었다.

"영화사 일은 잘 되고 있어요?"

"일주일 전에 잘렸어요."

마릴린은 아무렇지 않게 말하려고 했지만 목소리가 떨렸다.

조셉은, 예전에 마릴린이 그의 이야기를 들을 때 그랬던 것처럼 그녀의 얼굴을 물끄러미 쳐다보았다. 그녀의 얼굴은 할리우드를 거쳐간 많은 여배우 지망생들의 얼굴이었고, 실패할까 두려워 떠는, 슬픔과 절망과 안간힘이 뒤죽박죽된 얼굴이었다. 그는 그녀를 섣불리 위로하려고 들지 않았다. 잠시 침묵이 흐른 뒤 그가 말했다.

"포기하지 말아요."

"네."

마릴린은 기뻐서 생긋 웃었다. 조셉은 정말 몰랐던 것이다. 그녀의 해고는 그가 결정한 일이 아니었던 것이다.

"콜롬비아 영화사로 가봐요. 요즘 그 회사에 일거리가 있다는 이야기를 들었어요."

"네."

파티가 끝난 후 집으로 돌아가기 전에 마릴린은 조셉에게 물었다.

"제가 옛날과 달라 보이나요, 솅크 씨?"

"아니오. 똑같아요. 그만 울고 잠이나 푹 자요."

마릴린은 날 듯이 집으로 돌아와 거울을 들여다보았다. 똑같았다. 약간 눈이 붓고 피부가 푸석할 뿐, 스무 살 시절과 똑같은 얼굴이 거울 속에서 생긋 웃고 있었다. 그녀는 일주일만에 늘어지게 잠을 잤다.

콜롬비아 영화사에는 과연 일거리가 있었다.

콜롬비아 영화사의 캐스팅 부장은 첫눈에 마릴린을 마음에 들어했으며, 빠른 시간 내에 적합한 배역을 알아보겠다고 말했다. 마릴린은 벼랑 끝에서 가까스로 탈출한 기분이었다.

마릴린은 콜롬비아의 캐스팅 부장이 자신에게서 발견했을 '특별한 점'이 무엇인지 곰곰이 생각해보았다. 그 '특별한 점'을 열심히 갈고 닦아야 했다. 그녀 스스로는 자기가 예쁘고 몸매도 좋다고 생각하긴 하지만, 콜롬비아 정도 되는 영화사의 캐스팅 부장이라면 하루에도 수십 명이 넘는 예쁜 아가씨들을 만날 것이다. 그런데 그런 캐스팅 부장이 그녀를 보자마자 즉시 고용하려 한다는 것은 그녀로서는 무척 기운이 나고 자신감이 생기는 일이었다.

마릴린도 곧 알게 되었지만, 콜롬비아의 캐스팅 부장이 그녀에게서 발견한 '특별한 점'은 유감스럽게도 그녀 내부에 있는 보물섬은 아니었다. 조셉 솅크가 콜롬비아 영화사의 사장에게 전화해서 그녀에게 일거리를 좀 주라고 부탁했던 것이다. 바로 그것이 그녀가 단번에 콜롬비아와 6개월 간 계약할 수 있었던 '특별한 점'이었다. 그런들 어떠하리.

마릴린은 콜롬비아와 계약한 후, 느슨해진 마음을 다잡고 배우가 되기 위해 다시 피나는 노력을 기울이기로 결심했다. 조셉의 도움으로 벼랑 끝에서 탈출은 했지만 아직도 '연기를 못하고 카메라가 받지 않는다'고 해고된 기억이 생생히 남아 있었다.

우선, '연기를 못한다'는 비판을 만회할 수 있는 기회가 왔다. 캐스팅 부장의 소개로, 마릴린은 나타샤 라이테스라는 연기 코치에게서 연기 수업을 받게 되었다. 마릴린은 나타샤의 지도에 충실히 따랐고, 많은 부분을 의지하고 의논했다. 연기 수업은 순조롭게 진행되었다.

다음으로 '카메라' 문제가 있었다. 아무리 예뻐도 카메라가 안 받는다면 배우로서는 빵점이었다. 별로 예쁘지 않아도 카메라가 잘 받는 사람들이 성공할 가능성이 높았다. 중요한 것은 사람들의 눈을 사로잡는 것이 아니라, 카메라의 눈을 사로잡는 것이었다.

이 대목에서 본의 아니게 마릴린에게 강력한 도움을 준 한 남자가 있었다. 마릴린은 자전적인 글에서 이 남자의 이름을 밝히길 원하지 않았다. 미루어 짐작해보면, 그 남자는 뮤지컬 코치였던 프레드 카거인 듯하지만, 우리의 마릴린이 그 남자의 이름을 밝히길 원하지 않으니 우리도 그를 그저 '그 남자'라고 부르기로 하자. 한 번도 본 적 없는 아버지 외에, 그 남자는 마릴린이 생전 처음으로 사랑한 남자였다.

마릴린의 첫사랑!

마릴린은 오직 그 남자에게 잘 보이기 위해 성형수술을 받기로 결심했다. 그 결과, 그 남자의 마음을 사로잡는 데는 실패했지만 카메라의 눈을 사로잡는 데는 성공했다. 그녀는 첫사랑을 잃은 대신 '카메라발'을 얻었다.

4. 사랑했지만……

노마 진은 열두 살 때부터 남자들의 집중적인 관심을 받았고 스스로도 그것에 만족했지만 한 번도 남자를 진지하게 사랑해본 적은 없었다. 첫 남편 짐과도 의무적인 관계만 가졌을 뿐, 사랑을 느낀 적은 없었다.

영화사를 들락거리면서 마릴린은 잘생기고 매력적인 남자 배우들을 많이 만나보았다. 그러나 어쩐 일인지 그녀는 남자 배우들에게 마음이 끌리지 않았다. 그녀는 "여자 배우가 남자 배우를 사랑하는 것은 어쩐지 근친상간과 비슷한 느낌"이 든다고 쓴 적이 있다. 그래서인지 마릴린은 나중에 결혼을 두 번 더 했지만, 상대는 한결같이 배우가 아니었다.

첫사랑의 그 남자도 배우는 아니었다. 그 남자는 자신을 '음악가'라고 소개했다. 그 남자는 이혼한 지 얼마 안 되는, 여섯 살짜리 아들이 딸린 홀아비였다. 그 남자에 대해 마릴린은 이렇게 적고 있다.

"내 연인은 강한 남자였다. 지배하려 드는 사람이었다는 뜻이 아니다. 왜냐하면 강한 남자는 여자를 지배할 필요가 없으니까. 강한 남자는 자신을 사랑하는 약한 여자에게 힘을 사용하지 않는다. 세상을 향해 힘을 발휘할 뿐이다."

이후로 마릴린이 사랑하게 된 남자들도 대부분 이렇게 강한 면이 있는 남자들이었다.

그 남자와 열렬한 사랑에 빠졌을 때 마릴린은 "이제 막 다시 태어난 것" 같은 기분이었다. 이제까지 "얼음같은" 마음으로 살아온 노마 진이 가여웠다.

"이런 기분은 처음이야."

마릴린이 그 남자를 껴안으며 말했다.

"다음에 또 느끼게 될 거야."

그 남자가 말했다.

"그럴까? 모르겠어. 어쩐지 지금 같은 순간은 영영 오지 않을 것 같은 느낌이야."

마릴린이 조심스럽게 팔을 풀며 말했다.

"느낌을 그렇게 심각하게 받아들이지 말도록 해."

그 남자가 말했다.

사랑에 빠진 모든 여자들과 마찬가지로 마릴린을 괴롭힌 문제는 단한 가지였다. 그 남자가 자기를 사랑하는가 아닌가 하는 것.

그 남자가 실제로 '강한 남자'였는지는 알 수 없으나, 대단히 냉정하고 비판적인 남자였던 건 확실하다. 그 남자는 마릴린에게 각별한관심을 갖고 있었지만, 마릴린이 배우로서 자질이 부족하며 단순무식하다는 비판을 자제할 만큼 따뜻한 사람은 아니었다.

"넌 인생에서 가장 중요한 게 뭐야?"

어느 날 그 남자가 물었다.

"너야!"

일 초도 주저하지 않고 마릴린이 대답했다.

"내가 죽으면?"

그 남자가 웃으며 물었다.

"……."

마릴린은 말없이 눈물을 뚝뚝 흘렸다. 그가 죽는다는 생각만으로도가슴이 터져 버릴 것 같았다.

"넌 걸핏하면 울어. 그건 지성이 덜 발달했다는 증거야."

그 남자가 말했다.

"……."

마릴린은 겨우 울음을 멈추었다.

"네 머리는 태아 수준이야."

마릴린은 '태아'라는 말을 몰랐기 때문에 그 남자의 말에 아무런 반박도 못했다.

마릴린은 지적이고 냉정하고 통찰력 있는 그 남자에게 본능적으로 끌렸다. 마릴린이 얼마나 지적인 남자를 좋아했는지는, 그 남자가 악보를 잘 보기 위해 안경을 꺼내 쓰자 미칠 만큼 기뻐했다는 에피소드에서 알 수 있다. 안경은 그녀에게 지성의 상징처럼 보였다. 마릴린은 그 남자의 지성에 발맞추기 위해 책을 많이 읽으려고 노력했다.

연기 코치인 나타샤가 톨스토이와 투르게네프의 책을 소개해 주었다. 그 책들은 아주 재미있었다. 그러나 책 몇 권을 읽는다고 갑자기 유식해지지는 않았다.

마릴린은 도대체 자기가 어렸을 때 학교에서 무엇을 배웠는지 하나도 기억나지 않았다. 게다가 열여섯에 결혼한 후로는 책 같은 것은 손에 쥐어본 적이 없었다.

마릴린은 여기저기 물어 '태아'가 무슨 뜻인지 알아냈지만, 자기 머리가 태아 수준이라고 한 그 남자의 말에 여전히 아무런 반박도 할 수 없었다. 다만 그 남자가 자기를 사랑하지 않는다는 불길한 느낌만 더 강해졌을 뿐이었다.

그런 생각으로 거울을 물끄러미 들여다보던 어느 날, 마릴린은 자기 얼굴에서 몇 가지 결점을 발견하고 화들짝 놀랐다. 그 남자는 얼마나 그녀의 결점을 잘도 발견하여 비판해왔던가? 그런데 그 남자가 앞으로 자기 얼굴에서 그 몇 가지 결점들도 발견하고 말리라는 생각이 들자 견딜 수가 없었다.

그래서 마릴린은 용기를 내어 성형외과와 치과를 찾아갔다. 아픔을 참고 견딘 결과 코가 뾰족해졌고, 입매가 예쁘게 되었고, 턱선이 매끈해졌다. 이때부터 마릴린은 건강한 양치기 소녀의 이미지를 벗고, 우리가 지금 알고 있는 요염한 매력을 풍기는 마릴린의 모습에 가깝게되었다.

어느 날 그 남자가 말했다.

"우리 결혼에 대해서 생각해봤는데, 아무래도 불가능할 것 같애."

마릴린은 가만히 그의 뒷말을 기다렸다.

"내 아들이 걱정돼서 그래. 우리가 결혼했다가 만약 내가 죽기라도 하면……."

마릴린은 이번에는 눈물을 흘리지 않았다.

"그러면 내 아들은 어떡해? 난 내 아들이 당신 같은 여자 밑에서 크는 건 좋지 않다고 생각해."

참으로 잔인한 말이었다.

마릴린은 그 남자가 간 후 밤새도록 울었다. 마릴린은 그 남자와 만나면서 그의 말 때문에 많은 상처를 입었다. 성형을 백 번 해도 소용없는 일이었다. 그녀는 비로소 그 남자와 헤어져야 한다는 것을 깨달았고, 그때의 심경을 자서전에 이렇게 썼다.

"그는 나를 사랑하지 않았다. 남자는 자기가 반쯤 경멸하는 여자는 사랑할 수 없다. 마음속으로 그 여자를 부끄럽게 여기고 있다면 사랑할 수 없는 것이다."

마릴린은 다음날 그 남자에게 작별을 고했다. 그는 말없이 마릴린을 뚫어지게 바라보고만 있었다. 마릴린은 제풀에 엉엉 울다 그 남자의 품에 덥석 안기고 말았다.

일주일 후 마릴린은 다시 그 남자에게 작별을 고했다. 이번에는 울지 않고 돌아서서 왔다. 그러나 이틀 후 마릴린은 다시 그 남자를 찾아갔다.

그 후 마릴린은 거듭 거듭 그 남자에게 작별을 고했고 거듭거듭 그 남자를 찾아갔다. 다람쥐 쳇바퀴 돌 듯 작별과 재회가 반복되었다.

어느 날 그 남자에게 작별을 고한 후, 마릴린은 이틀이 지나도록 그를 찾아가지 않았다. 그녀는 달력을 보며, 하루만, 하루만 더 버티자고 중얼거렸다. 더 이상 그녀는 노마 진이 아니었지만 이때만은 "기다려, 노마 진"이라는 주문을 쉴새없이 외워야 했다. 사흘이 지나고 나흘이 지났다. 뼈를 깎는 듯한 고통의 시간이었다.

이번에는 그 남자가 먼저 마릴린을 찾아왔다. 그가 문을 두드렸지만 마릴린은 문을 열지 않았다. 그 남자가 문 두드리는 소리를 들으며 마릴린은 첫사랑의 문이 완전히 닫히는 소리를 들었다.

5. 사랑하진 않았지만……

　스물두 살의 마릴린은 콜롬비아 영화사에서 만든 〈코러스의 아가씨들〉이란 영화에 출연했다. 부유한 젊은 남자와 결혼을 약속한 합창단 아가씨 역이었다. 단역이었지만 대사도 있었고, 노래와 춤도 선보일 기회가 있었다. 예전에 맡았던 역에 비하면 꽤 비중 있는 역이었다. 마릴린은 무난하게 연기를 했다.

　마릴린은 영화가 개봉된 후 영화가 상영되는 극장 앞을 일부러 몇 번이나 지나다녔다. 배우가 되는 길에 한 발짝 다가선 느낌이었다. 한 영화평론가는 "먼로의 노래가 인상에 남는다. 그녀는 예쁜 얼굴에 목

소리가 밝고 감각적이어서 장래가 유망한 배우다"라고 호평했다. 그러나 〈코러스의 아가씨들〉이란 영화 자체는 썩 훌륭하지 못했다.

콜롬비아 영화사는 6개월이 지난 후 마릴린을 해고했다.

"별로 인상적인 연기를 보여주지 못해서."

이게 이유였다. 〈코러스의 아가씨들〉이 인상적인 연기를 보여줄 만한 영화이기나 했는가?

그나마 다행스러운 점은, 해고를 당하면서 '연기를 못한다' 거나 '카메라가 안 받는다' 는 말은 듣지 않았다는 것이다. 그러나 해고는 해고였다.

마릴린의 관심은 기본적인 의식주를 해결하는 것, 그리고 자동차를 사는 것이었다.

자동차가 없으면, 대판 싸운 친척들처럼 서로 먼 거리에 떨어져 있는 영화사와 에이전트 사무실을 차례로 순회할 수 없었다. "할리우드에서 자동차 없이 영화 일을 찾는 것은 소방수가 소방차 없이 불을 끄러 가는 것과 같다"고 마릴린은 말한 바 있다.

마릴린은 첫 할부금을 내고 작은 중고차를 하나 구입했다.

"무슨 좋은 소식이 없나요?"

차를 몰고 열댓 개가 넘는 영화사를 찾아다니며 캐스팅 부서에 물으면,

"오늘은 아무 것도 없습니다."

라는 의미 없는 대답이 메아리처럼 돌아왔다. 가끔 운이 좋으면

"이름과 전화번호를 적어두고 가세요."

라는 대답을 들을 수 있었지만, 일거리는 가뭄에 콩 나듯 드물었고, 배우 지망생들은 시루에 가득한 콩나물처럼 많았다.

마릴린은 대부분의 배우 지망생들처럼, 차를 몰고 영화사를 돌고, 대기실에서 캐스팅 담당자를 기다리고, 아무 소득 없이 집으로 돌아오는 일을 반복했다. 그것도 두 달까지만이었다.

마릴린이 둘째 달과 셋째 달에 할부금을 내지 못하자 자동차 회사 직원이 와서 자동차를 압수해 갔다. 마릴린은 차를 돌려 받기 위해 백방으로 손을 썼다. 마치 노마 진의 엄마 글래디스가 첫 남편이 데려간 두 아이를 찾기 위해 백방으로 노력했던 것처럼. 마릴린은 경찰서를 찾아가고 차를 압수해간 회사를 찾아가기도 했지만, 돈을 내지 못하면 차를 돌려 받을 수 없다는 통보밖에 듣지 못했다.

마릴린은 글래디스와 마찬가지로, 눈물을 머금고 빈손으로 돌아서야 했다. 되는 일이 하나도 없었다. 첫사랑에도 실패하고 영화사에서도 해고당하고 자동차도 압수당했다. 아무리 열심히 꿈을 꾼다 한들, 차를 몰고 영화사를 찾아다니지 못한다면 일거리를 얻을 가망은 없었다.

마릴린이 특유의 장기인 소리치며 울고불기를 며칠째 하고 있을 때 전화벨이 울렸다. 예전에 맥주광고를 찍을 때 함께 작업을 한 적이 있

는 사진작가였다.

"일거리가 있어요, 마릴린. 그런데 이번 일은 다른 일과는 좀 달라요."

다르건 말건 일을 가릴 계제가 아니었다.

"얼마 준대요?"

"당신 몫으로 50달러는 받을 수 있어요."

"아, 50달러만 생긴다면 지붕에서 뛰어내릴 수도 있을 것 같아요."

그래서 마릴린은 생전 처음으로 달력용 누드 사진을 찍게 되었다. 마릴린은 50달러를 받자마자 자동차 회사로 달려가 빼앗긴 자동차를 되찾았다. 무엇보다 자동차는 꼭 필요했고 그녀는 아직 이름 없는 배우였다.

'아무도 알아보지 못할 거야.'

마릴린은 이렇게 생각했지만 결코 그렇지 않았다.

마릴린의 누드 사진에는 뭔가 특별한 분위기가 있었다. 사진 속에서 그녀는 긴 금발머리를 늘어뜨리고 붉은 벨벳 위에 앉아 있었다. 오른손을 머리카락 속에 깊숙이 찔러 넣고 살짝 뒤를 돌아보는 그녀의 포즈는, 수줍으면서도 우아해 보였다. 그러니 아무도 그녀를 알아보지 못할 리가 없었다. 3년 뒤 마릴린이 유명해졌을 때 어김없이 터진 것이 '누드 달력 스캔들'이었다.

자동차를 되찾은 마릴린은 다시 차를 몰고 영화사와 에이전트 사무실을 돌아다녔고, 대기자 명단에 열심히 자신의 이름을 올려놓았다.

그 덕분에 〈토마호크 행 티켓〉과 〈러브 해피〉라는 영화에 비록 있으나마나 한 작은 역할이지만, 출연할 수 있었다. 오십 보 백 보이지만 그래도 〈러브 해피〉의 경우가 더 인상적인 역할이었다. 이 영화에서 마릴린이 선보인 '멍청한 금발 미인'의 이미지는 두고두고 그녀를 따라다녔다.

그 장면을 보자.

마릴린이 탐정 사무실로 들어간다. 탐정이 "무엇을 도와 드릴까요?" 하고 묻는다. 마릴린은 오른손을 들어 탐정의 가슴에 살짝 얹고 그에게 몸을 기댄다. 당황한 탐정이 다시 "문제가 무엇입니까?" 하고 묻는다. 그러면 마릴린은 손가락으로 남자의 어깨를 천천히 더듬으면서 눈을 내리깐다. 그리고 몸을 바르르 떨며 이렇게 대답한다.

"음…… 그러니까…… 남자들이 매일 절 따라다녀요."

이 장면은 영화의 전체 스토리와는 아무 상관도 없는 장면이었다. 가슴선이 드러나는 옷을 입은, 순진한 금발 미인을 잠깐 눈요깃감으로 등장시킨다는 의미 외에는 아무 것도 없었다.

그러나 마릴린의 몸짓과 포즈에는 뭔가 특별하게 사람을 끄는 힘이 있었다. 〈러브 해피〉를 보고 이 힘을 알아본 사람이 있었다.

어느 날 마릴린은 전화를 받고 에이전트 사무실로 갔다. 그곳에서 그녀는 키가 작고 조용한 목소리를 가진, 나이 든 남자를 만났다.

"나는 조니 하이드라고 합니다. 당신은 스타가 될 거요, 먼로 양."

남자가 말했다. 이따위 사탕발림을 수십 번도 더 들어온 마릴린은 시큰둥하게 대답했다.

"무슨 말씀을요. 전 지금 먹고살 돈을 벌기도 어렵고, 아직까지 한번도 좋은 배역을 얻지 못한 걸요."

"스타가 될 사람은 원래 먹고살 돈을 벌기가 어렵죠. 좋은 배역도 얻기 힘들고."

"스타가 될 사람이 왜 그렇죠?"

마릴린이 어리둥절하여 물었다.

"스타가 될 사람은 스타 배역에만 맞으니까. 다른 배역에는 전혀 맞지 않으니까."

마릴린은 이 농담에 큰 소리로 웃었다. 몇 달 만에 웃어보는 웃음인지 몰랐다.

"농담이 아닙니다. 당신은 다른 사람들이 갖지 못한 걸 가졌어요, 마릴린. 날 믿어요."

조니는 조금도 웃지 않고 말했다. 조니 하이드는 예쁜 배우 지망생들을 속여보려는 사기꾼 족속이 결코 아니었다. 그는 할리우드에서 가장 영향력 있는 에이전트 중 하나였다. 마릴린을 직접 만나본 조니는 그녀를 사정없이 밀어주기로 결심했다.

이때부터 마릴린은 다리를 쭉 뻗고 자도 좋았다. 조니가 그녀에 관한 모든 일을 맡았기 때문이다. 이제 할리우드에는 '마릴린은 조니 하이드의 여자'라는 소문이 파다했다.

조니의 중개로 마릴린은 〈아스팔트 정글〉이라는 영화에 출연하게 되었다. 물론 여주인공 역할은 아니었다. 그러나 이 영화는 천재적인 감독 존 휴스턴이 맡고 있었다. 그런 감독과 같이 일한다는 것은 햇병아리 여배우로서 대단한 행운이었다. 더구나 마릴린이 맡은 안젤라 역은 비중은 적었지만 미묘한 매력을 풍기는 배역이었다. 안젤라로 인해 주인공이 자살하기 때문에 나중에 편집할 때 싹둑 잘릴 위험도 없었다.

조니는 마릴린의 촬영이 있는 날이면 반드시 촬영장에 나타났다. 어찌 보면, 연기를 하는 마릴린보다 지켜보는 조니가 더 흥분한 것처럼 보였다.

"그래! 그거야! 이제 연기가 궤도에 올랐어, 마릴린!"

그는 시종일관 마릴린을 격려했다. 이 영화에서 마릴린은 처음으로 연기다운 연기를 했고 무한한 가능성을 보여줄 수 있었다.

〈아스팔트 정글〉의 시사회가 있던 1950년 봄을 조니와 마릴린은 잊지 못했다. 참고로 그즈음 한국에서는 6·25 전쟁이 터졌다. 한국인과 마릴린은 1950년의 봄을 잊지 못한다는 사실 하나를 공유하는 셈이다. 마릴린은 나중에 주한미군을 위한 위문공연을 하기 위해 한국을 방문하게 된다. 이래저래 마릴린은 한국과 인연이 깊은 여배우였다.

〈아스팔트 정글〉은 영화 자체도 훌륭했지만 관객들은 무엇보다 마릴린에게 열광했다. 마릴린이 등장하는 장면에서 남자 관객들은 휘파람을 불었다.

시사회가 끝난 후 조니는 조용히 마릴린의 손을 잡았다. 집으로 돌아오는 길에 그들은 아무 말도 하지 않았다. 가슴이 벅차 올라 걸음을 걷는 것만도 힘겨웠다. 그들은 방에 들어서서 단둘이 된 후에야 서로를 향해 활짝 웃었다.

"대성공이야, 마릴린!"

"당신 덕분이에요, 조니!"

조니와 마릴린!

그들은 해냈다!

마릴린의 전 생애를 통틀어, 조니만큼 그녀를 아끼고 사랑하고 후원한 사람은 이전에도 없었고 이후에도 없었다.

조니는 마릴린에게 청혼했다. 그러나 마릴린은 거절했다. 그가 엄청난 재산을 가졌고 심장병이 있어 오래 살지 못할 것을 알면서도 말이다. 아니, 그래서 더 거절했는지도 모른다.

마릴린은 조니를 좋아했지만 사랑하지는 않았다. 조니는 자기를 사랑하지 않아도 좋으니 제발 자기와 결혼해 달라고 애원했다. 조니는 자기가 죽은 후에 마릴린이 자기 재산을 몽땅 물려받기를 바랬다. 자기가 죽은 후에 그녀가 다시 배고프거나 가난하거나 사람들에게 천대받지 않기를 바랐다. 그만큼 조니는 마릴린을 사랑했다. 마릴린은 그의 기쁨이자 존재 이유였다.

마릴린 또한 조니를 위해 팔을 자를 수도 있었고 목숨을 바칠 수도 있었다. 그러나 다만 사랑할 수만은 없었다. 존경과 감사와 우정, 그녀의 마음속에 이 모든 것은 다 있었지만 사랑만은 없었다.

사랑이란 참 짓궂은 감정이었다. 준 만큼 받을 수도 없고 받은 만큼 돌려줄 수도 없는, 등식이 성립하지 않는 감정이었다. 억지로 만들어낼 수도 없고 생긴 것을 지울 수도 없는, 불가사의한 감정이었다.

그해 겨울, 조니는 마릴린을 해고했던 20세기 폭스 사와 7년 계약을 맺음으로써 마릴린을 위해 통쾌한 복수를 해주었다. 마릴린은 이제 7년 동안 아무 걱정 없이 연기에만 전념하면 되었다. 마릴린에게 확실한 미래를 보장해준 지 열흘 만에 조니는 심장병이 악화되어 세상을 떠났다.

조니 하이드의 장례식장은 영화계 인사들로 가득했다. 조니의 가족들은 마릴린이 그들과 나란히 앉는 것을 원하지 않았다. 그래서 마릴린은 행렬의 뒤쪽에 혼자 서 있었다. 그러나 조니의 관 옆을 지나갈 때 그녀는 너무나 슬픈 나머지 자기도 모르게 관 위에 몸을 던졌다.

"조니! 조니!"

그녀는 조니의 이름을 애타게 부르며 울었다. 소문도 두렵지 않았고 사람들의 눈총도 두렵지 않았다. 그녀는 몸과 마음이 다 부서져 내리는 것 같았다. 그렇게 빨리 조니가 죽을 줄은 몰랐다. 슬픔 때문에 그녀는 아무 것도 보지 못하고 듣지 못하는 상태였다. 그녀는 오래도록 울었다. 모든 것이 덧없었다. 연기 코치였던 나타샤의 말에 의하면 마릴린은 이때 절망감을 이기지 못하고 약물을 과다 복용하여 자살할 결심까지 했다고 한다.

그러나 촬영 스케줄은 마릴린이 슬픔을 잘 다스릴 수 있을 때까지 기다려주지 않았다.

우선 조지프 맨키위츠 감독이 맡은 〈이브의 모든 것〉이란 영화에 출연해야 했다. 이 영화는 쟁쟁한 감독과 배우가 참여한 탁월한 수작으로, 마릴린은 여기서 미스 캐스웰 역을 맡았다. 영화사에 길이 남을 이 영화를 촬영할 당시, 맨키위츠 감독은 마릴린이 때로 자기자신을 아주 포기하려는 것 같이 보였다고 말했다. 비슷한 시기에 마릴린과 함께 영화를 촬영한 다른 감독의 말에 따르면 마릴린은 촬영 당시 자주 흐느껴 울거나 구석에 혼자 앉아 있곤 했다고 한다.

그러나 마릴린은 이미 스물넷이었고, 어릴 때부터 산전수전을 다 겪어온 강인한 여성이었다. 시간이 흐름에 따라 그녀는 조니의 죽음이 가져다 준 충격을 조금씩 이겨냈다. 그 후로 모든 일은 탄탄대로였다. 이 탄탄대로는 조니가 닦아 놓은 길이었다.

여배우로서 이름이 알려지고 꽤 많은 돈이 들어오기 시작했을 때 마릴린이 제일 먼저 한 일은 중고품 악기 경매장을 돌아다니는 일이었다. 엄마와 함께 살던 '하얀 집'에 들여놓았던 바로 그 그랜드피아노를 다시 사기 위해서였다. 눈을 밝히고 찾아다닌 결과, 마릴린은 예전의 바로 그 피아노를 찾아냈다.

마릴린은 그 피아노를 사들여 흰색으로 칠하고 줄도 새 것으로 갈았다. 흰 그랜드피아노는 마릴린이 죽을 때까지 그녀의 할리우드 집에 눈의 여왕처럼 모셔져 있었다. 세상에서 가장 아름다운 소리를 내는, 가장 아름다운 피아노였다. 적어도 마릴린의 눈과 귀에는 그랬다.

마릴린은, 그 남자는 사랑했지만, 조니를 사랑하지는 않았다.

마릴린은, 그 남자에게는 많은 선물을 주었지만, 조니에게서는 많은 선물을 받았다.

마릴린은, 그 남자에게는 청혼했지만, 조니의 청혼은 거절했다.

그러나 마릴린이 두 사람 중에 누구를 더 잊지 못했는지는 확실하다. 때로는 사랑보다 중요한 것이 있다. 사랑 이상의 것이 있다.

마릴린은 세상에서 가장 아름다운 피아노 소리를, 그 누구도 아닌 조니와 함께 듣지 못하는 것이 가장 슬펐다.

제3부
천사에서 여신으로

1. 스크린의 수호천사

〈아스팔트 정글〉이후로 마릴린은 많은 영화에 출연했다.

스물넷부터 스물일곱 사이, 4년 동안 출연한 영화 수만 해도 대략 열여섯 편 가량 되었다. 그 중에는 단역도 있지만, 중요한 배역을 맡거나 심지어 주인공 역할을 맡은 것도 많았다.

마릴린의 비중이 높았던 영화만 꼽아보아도 〈이브의 모든 것〉〈렛츠 메이크 잇 리걸(Let's Make It Legal)〉〈클래시 바이 나이트(Clash by Night)〉〈우리는 독신자〉〈노크는 필요 없어요〉〈몽키 비즈니스(Monkey Business)〉〈나이아가라(Niagara)〉〈신사는 금발을 좋아한다〉〈백만장자와 결혼하는 법〉 등 쟁쟁하다.

마릴린 먼로의 인기는 오로지 대중의 호응으로 만들어졌다. 특히 한국전쟁에 참전하고 있던 미군들의 열광은 가히 폭발적인 것이었다. 처음에 마릴린 앞으로 팬레터가 쏟아져 들어오기 시작했을 때 20세기 폭스 사의 간부들은 시큰둥한 반응을 보였다.

"반짝 인기라는 게 있지."

"마릴린은 아무래도 스타급 배우는 못 되니까."

이게 영화사 간부들의 중론이었다.

그러나 팬레터는 일주일에 3천 통이었다가, 곧 5천 통으로 늘어나더니, 마침내는 7천 통으로 급상승했다. 놀라운 양이었다. 당시 최고의 스타 여배우보다 다섯 배나 많은 양이었다. 팬레터를 관리하는 홍보부에서 이런 보고를 올리자 중역들은 조금 놀랐다. 그러나 여전히 자기들의 의견을 바꾸려하지 않았다.

"홍보 부장을 올려 보내!

"홍보부에서 마릴린을 몰래 선전해주고 있는 게 틀림없어."

그러나 홍보 부장이 왜 시키지도 않은, 마릴린의 선전을 몰래 하겠는가. 홍보 부장이 단연코 결백을 주장하자 영화사의 중역들은 난감해졌다.

"이해가 안 되네 정말."

"마릴린은 이런 정도의 인기를 얻을 만한 스타 '깜'이 못 되는데."

"역시 대중의 수준은 낮아."

소속사 여배우가 인기를 끌면 얼씨구나 좋아라 하고 열심히 광고를 해주어도 시원찮을 판국에, 20세기 폭스 사는 마릴린에 대해 인색했다. 영화사 간부들은 자기네 소속사 여배우가 인기를 끄는 게 좋기는커녕 그녀가 스타감이 못된다고 생각한 자기네 의견이 틀린 것이 더 기분 나빴다.

〈일주일에 팬레터 무려 7천 통! 마릴린 먼로, 할리우드의 샛별로서 폭발적인 인기를 끌다!〉

이런 기사가 할리우드 유력 잡지에 머릿기사로 등장했다. 그래도 영화사의 중역들은 여전히 남의 일처럼 고개만 갸우뚱거리고 있었다.

"거 이상하네."

조니 하이드가 살아 있었다면 그들의 머리를 한대씩 쥐어박아 주었을 것이다. 이상하긴 뭐가 이상해? 마릴린은 스타 '감' 이야.

마릴린 먼로가 스타로 발돋움하기 시작했으니 아무도 그녀를 무시하거나 그녀에 대해 입방아를 찧을 수 없게 되었으리라고 생각하면 오산이다. 오히려 유명해진 후 마릴린은 더 무시를 받았고 쉴새없이 사람들의 입방아에 오르내렸다.

마릴린에 관한 많은 기사가 신문과 잡지에 실렸는데, 기자들의 입장은 크게 둘로 나뉘었다.

그 중 하나는, 마릴린을 영화 속 이미지 그대로 '멍청한 금발 미인'

으로 생각하는 쪽이었다. 이쪽 견해에 따르면 마릴린은 딱히 연기를 하고 싶어서가 아니라 그냥 영화배우라는 직업이 근사해 보였기 때문에 영화배우가 된 것이며, 사람들의 시선을 끌기 위해 수단과 방법을 가리지 않는다는 것이다. 마릴린은 툭하면 연약한 표정을 짓고 감독에게 지나치게 의존하는 모습을 보이는데, 그건 그녀가 영악하게 순진함을 가장하기 때문이라는 것이다. 그리고 그녀의 외모 또한 예쁘긴 하지만 입이 딱 벌어질 만큼 매력적인 것은 아니라는 것이다. 주로 마릴린에게 비판적인 입장이었다.

다른 하나는, 마릴린이 놀라운 미모뿐만 아니라, 철저한 훈련과 프로 근성을 가진 여배우라고 생각하는 쪽이었다. 이쪽 입장에 따르면, 마릴린은 재치 있고 유쾌하며 지적인 인물이라는 것이다. 그녀에게는 대중을 사로잡는 독특한 매력이 있으며 앞으로 인상적인 연기를 펼칠 수 있는 무한한 가능성이 있다는 것이다. 이 입장은 말할 것도 없이 마릴린에게 우호적이었다.

기자들의 입장은 둘로 나뉘었지만, 여성들의 의견은 하나로 일치했다. 오래 전부터 할리우드의 여자들은 마릴린에 대해 적대적이었다. 그런데 마릴린이 유명해지자 그 정도가 심해졌다.

예전에는 마릴린을 '천박하다'고 경멸했던 여자들은, 이제는 그녀가 '뭔가 속임수를 꾸미고 있다'고 분노했다. 마릴린에게는 말끝을 흐리는 버릇이 있었는데, 이것이 우선 나쁜 느낌을 주었다. 첫 연기 코치였던 나타샤의 회고록에는 마릴린이 말을 할 때마다 "뱀처럼 오른손을 들어 좌우로 흔드는 버릇"이 있었다고 하는데, 이것 역시 여자들 입장에서는 기분 나쁘기 짝이 없었다. 속임수를 꾸미는 게 아니라면 왜 말끝을 흐리고 손을 뱀처럼 흔들 필요가 있단 말인가? 그들은 마릴린처럼 고아로 자라나 입양과 파양을 되풀이해본 적이 없기 때문에 마릴린을 이해하지 못했다. 아무도 자기 말을 끝까지 들어주지 않는데 말끝을 흐리지 않을 사람이 누가 있겠는가. 아무도 자기에게 관심을 보여주지 않기 때문에 관심을 끌기 위해 손을 '뱀처럼' 흔드는 게 왜 나쁘단 말인가.

또 여자들은 마릴린이 닥치는 대로 남자들을 유혹한다고 질투했다. 마릴린의 표현에 따르면, 여자들은 자기네 남편이 그녀와 이야기하는 것만 봐도 "도난 경보기 같은 소리"를 냈다. 유명한 한 여배우는 마릴린이 시상식장에서 트로피를 들고 엉덩이를 살짝 흔들며 걸었다고 맹렬히 비난했다. 신성한 시상식장에서까지 남자를 유혹하려고 앙큼을 떨었다는 것이다. 남의 남편이나 애인을 유혹하기 위해서가 아니라면 왜 흐느끼는 목소리를 내고 공식석상에서 엉덩이를 흔들 필요가 있단 말인가?라며 마릴린을 욕했다. 그들은 마릴린이 처음으로 자기의 보물섬을 발견하던 날의 감격을 이해하지 못했다. 아름다운 몸을 이용해서 다른 사람들의 시선을 사로잡는 게 왜 비난받을 일이란 말인가. 자기들은 뒤에 숨어서 별짓을 다하면서 마릴린이 내놓고 그런다고 욕을 할 자격이 있는가.

아무튼 여자들의 의견을 종합하면, 마릴린은 '속임수를 써서' '남자를 후리는' 종류의 여자였다.

마릴린의 반응은 어떠했을까?

마릴린은 예전에는 자기를 질투하는 여자들을 보면 좋아서 혀를 메롱 내밀고 싶었다. 자기가 질투하는 것보다 그녀들이 질투하는 것이 훨씬 더 나으니까.

그러나 이제 마릴린은 그런 여자들을 보면 안됐다는 생각이 들었다. 질투한다는 것은 여자에게 몹시 힘이 드는 일이니까. 사랑을 해본 마릴린은 질투가 얼마나 힘든 일인지 알고 있었다.

그때나 지금이나 사람들은 마릴린 먼로를 머리가 텅 빈 예쁜 금발 미녀로만 생각하는 경향이 있다. 연기도 모르고, 정치도 모르는 무식한 여배우라고. 한때는 마릴린이 그랬는지도 모른다.

그러나 마릴린은 나름대로 꽤 일관된 정치적 입장을 갖고 있었다. 마릴린은 급진적이고 개혁적인 정치에 본능적으로 끌렸다. 마치 지적이고 냉철한 남자에게 끌리듯이.

마릴린은 《링컨 스테판스의 자서전》이란 책을 두고두고 탐독했다. 이 자서전의 주인공인 링컨은 에이브러햄 링컨과는 아무 상관이 없는 사람이었지만, 마릴린에게는 그 링컨이나 이 링컨이나 존경스럽기는 마찬가지였다.

링컨 스테판스는 정치적 급진주의자로 통했다. 당시 미국에서 정치적 급진주의자라는 말은 공산주의자라는 말과 같았다. 참고로, 그때 한국은 6·25 전쟁이 끝난 직후로, 공산당이라면 인정사정 볼 것 없이 때려잡고 보는 험악한 분위기였다. 그 정도까지는 아니었지만, 미국에서도 공산주의자는 악마 취급을 받았다.

그러나 마릴린은 그런 자세한 사정을 잘 몰랐다. 다만 링컨 스테판스가 들려주는 올바른 이야기에 귀를 기울였을 뿐이다. 마릴린이 그의 자서전에서 읽은 것은, 세상이 불의로 가득 차 있다는 것과 부자들이 얼마나 호화롭고 거만하며, 가난한 사람들이 얼마나 힘들고 절망적으로 살고 있는가 하는 것이었다.

어느 날 마릴린이 촬영장에서 버젓이 이런 책을 펴놓고 읽는 것을 본 영화감독은 경악했다.

"마릴린, 이런 책을 읽으면 좋지 않아요."

"왜요? 이 책 너무 훌륭하고 재밌는데요. 감독님도 한번 읽어보세요."

"이런 책을 읽으면 사람들이 당신을 급진주의자라고 생각할 겁니다."

"급진주의자라니요?"

"정치적 급진주의에 대해 들어본 적 없어요?"

"없는데요."

"그럼, 공산주의에 대해서는요?"

"몰라요."

"신문 안 봐요?"

"네, 별로!"

"이런! 하여간 마릴린, 링컨 스테판스의 책을 읽거나 그의 칭찬을 하고 다니는 것은 좋지 않습니다. 아주 골치 아픈 일에 휘말리게 될 지도 몰라요."

그러나 마릴린은 《링컨 스테판스의 자서전》을 2권까지 읽고 두 권 다 침대 밑에 숨겨두었다. 책을 숨겨가며 읽어야 하는, 미국도 그런 나라였다.

마릴린 스스로는 몰랐지만, 그녀의 정치적 입장은 좌파에 가까웠다. 나중에 마릴린이 존 F. 케네디 대통령을 열렬히 지지한 것도 같은 맥락에서였다. 읽고 싶은 책을 침대 밑에 숨겨놓지 않고 당당히 읽을 수 있는 나라, 평등과 정의를 추구하는 사람들을 공산주의자라는 이름으로 때려잡지 않는 나라를 만들기 위해서.

자신의 무지에 대한 뼈아픈 반성은 어느 날 갑자기 찾아왔다.

그날 마릴린은 레스토랑에서 저녁을 먹고 있었다. 이제 레스토랑에서 저녁을 먹는 일쯤은 하나도 특별할 것이 없었다. 여전히 그녀는 먹는 데 온 정열을 쏟는 편이었다.

그날 함께 저녁을 먹은 사람은 감독과 작가였는데, 둘은 식사에는 관심 없이 보티첼리와 레오나르도 다 빈치 중에 누가 더 훌륭한 화가 인가에 대해 논쟁하고 있었다. 마릴린은 눈을 동그랗게 뜨고 둘을 번 갈아 보며 열심히 식사만 했다.

"아, 마릴린이 심심해하겠군요. 우리 이제 다른 이야기를 합시다."

감독이 말했다.

"좋아요. 그럼 마릴린하고 관련 있는 이야기를 해볼까요?"

작가의 제안에 마릴린은 씹던 걸 멈추고 환하게 미소지었다.

"자, 그럼 이제부터 사랑에 관해 이야기해봅시다."

둘은 사랑에 관해 토론하기 시작했다. 그런데 이번에 마릴린의 눈은 더 동그래졌다. 도대체 사랑에 관한 이야기를 한다는데 하나도 알아들을 수 있는 말이 없었다. 보티첼리와 레오나르도 다빈치처럼, 사랑에 관해 말한 철학자인 프로이트와 융도 그녀에게는 화학약품 이름만큼이나 낯설었다.

돌아오는 길에 마릴린은 할리우드에서 보낸 지난날들을 돌아보았다. 이제껏 그녀는 파티에서건 모임에서건 제법 똑똑하다는 사람들이 나누는 대화의 3분의 2 정도는 전혀 알아듣지 못한 채 지내왔다. 그저 미소를 지으며 가만히 듣고만 있었을 뿐이다. 돌이켜 보면 첫사랑의 '그 남자'가 그녀를 사랑하지 않은 이유도 그녀의 머리가 '태아' 수준이기 때문이었다.

마릴린은 다시 지적인 여자가 되기 위해 노력하기로 했다. 그래서 캘리포니아 대학교에 등록해서 강의를 듣기로 하고, 다른 한편으로는 나타샤 외에 좀더 훌륭한 연기 코치를 알아보기 시작했다. 영화를 찍느라 너무 바빠서 학교는 오래 다니지 못했지만, 이때부터 시작된 마릴린의 피나는 연기 수업은 죽을 때까지 계속되었다.

마릴린의 두 번째 연기 코치는 미하엘 체호프란 남자였다. 그는 단순한 연기 코치가 아니라 마릴린의 정신적 스승 역할을 맡았다. 마릴린은 그를 링컨에 비유할 만큼 존경했다. 이때 '링컨'은 공식적으로는 에이브러햄 링컨이었지만, 비공식적으로는 에이브러햄 링컨에다 링컨 스테판스를 더한 링컨이었다.

미하엘 체호프는, 러시아의 위대한 극작가 안톤 체호프의 후손이었다. 미하엘은 할리우드에서 유명한 성격배우로 이름을 날리다 인기절정일 때 홀연히 은퇴하여, 글을 쓰고 정원을 가꾸고 배우들을 가르치는 일에 힘을 쏟고 있었다. 나아갈 때와 물러날 때를 아는 멋진 남자였다.

마릴린은 체호프로부터 '메소드 연기법'을 배웠다. 메소드 연기법이란, 배우가 자기의 경험을 떠올리면서 연기하여 배역과 자기자신을 일치시키는 연기법이었다. 마릴린은 체호프로부터 자유로운 감정표현과 풍부한 내면연기를 하는 법을 훈련받았다.

나타샤가 나중에 쓴 회고록에서 마릴린의 연기를 형편없게 취급한 것과 달리, 체호프는 마릴린에 대해 매우 긍정적으로 평가했다.

"마릴린은, 사람들이 생각하는 것과 달리, 매우 지적이고 예술적인 여배우입니다. 그녀의 잠재력과 연기실력은 누가 봐도 놀라울 정도입니다."

정말 체호프로부터 연기지도를 받은 후 마릴린의 연기실력은 날로 향상되었다.

유명인이면 누구나 치러야 할 것이 왔다.

드디어 스캔들이 터졌다.

그것도 연달아 세 번 쾅! 쾅! 쾅!

그러나 마릴린은 세 번의 집중포화 속에서도 살아남았다.

첫 번째 스캔들은, 마릴린이 부모님과 입양 횟수에 대해 사람들을 속였다는 것이었다. 마릴린의 대처방식은 간단했다. 그녀는 자기가 거짓말을 했다는 것을 솔직하게 인정했다.

"어머니가 돌아가셨고 아버지는 유럽 어딘가에 계시다고 한 것은 거짓말이었어요. 그건…… 어머니가 정신병원에 있고 제가 사생아로 태어나 아버지 얼굴을 한 번도 본 적이 없다는 걸 밝히는 게 창피했기 때문이에요. 정말 창피했어요. 그리고 입양 횟수를 일부러 늘렸다는 건요, 글쎄요…… 거짓말을 하려고 그런 건 아니었어요. 너무 자주 입양되었다 파양되었기 때문에 열 번인지 아홉 번인지 잘 기억나지 않았어요."

마릴린의 고백에 언론은 놀랐다. 그리고 기자들은 한결같이 마릴린에게 동정적으로 글을 써주었다. 누군들 그런 부모에 대해 거짓말을

하고 싶지 않을까? 누군들 그렇게 자주 입양되었다 파양된 걸 틀리지 않게 기억할 수 있을까? 그건 마릴린의 죄가 아니다. 암, 아니고 말고. 첫 번째 스캔들은 마릴린에게 오히려 플러스로 작용했다.

두 번째 스캔들은 누드 달력 스캔들이었다. 3년 전에 찍은 누드 사진이 시중에 좍 깔릴 것이라는 소식에 마릴린은 혼비백산했다. 여배우로서의 생명이 다 끝났다고 생각했다. 마릴린은 일주일 동안 겁에 질려 울고불고 했다.

"돈이 필요해서 그랬어요."

이렇게 말하면서도 마릴린은 사람들이 자기 말을 믿어주지 않을 거라고 생각했다. 어려서부터 사람들은 그녀의 말을 믿어주지 않았다. 왜 다른 방식으로 돈을 벌지 않고 누드 사진을 찍었느냐고 따져 물으면 어떻게 대답해야 좋을지 그녀는 알 수 없었다.

그러나 신기하게도 사람들은 마릴린의 말을 있는 그대로 믿어주었다. 몇 주일 후 마릴린은, 두 번째 스캔들로 인해 자기의 인기가 더욱 높아졌음을 깨달았다. 달력 사진은 날개돋친 듯 수백만 장이 팔려나갔다. 마릴린을 싫어했던 여성들은 대중들이 그토록 쉽게 그녀의 '속임수'에 넘어가는 것을 이해할 수 없었지만, 현실은 그랬다.

세 번째 스캔들은 전설적인 야구선수 조 디마지오와의 열애설이었다. 당시 〈백만장자와 결혼하는 법〉을 찍고 있던 마릴린은, 흥미롭게도, '야구스타와 결혼하는 법'으로 이 스캔들을 정면돌파했다.

2. 야구스타와 결혼하는 법

"오늘 파티에 조 디마지오가 온다는 걸 알고 있니, 마릴린?"

"조 디마지오가 누구야?"

"오, 맙소사! 설마 농담하는 건 아니겠지?"

마릴린은 멀뚱멀뚱 친구의 얼굴을 바라보았다. 조 디마지오가 누구더라?

"미국의 야구 역사상 가장 위대했던 선수 중 한 명인 조 디마지오를 설마 모른다는 거야? 조는 뉴욕 양키즈 5번 선수로 56경기 연속안타 기록을 세웠고, 그의 등번호 5번은 영원히 그의 번호로 영구결번 처리

되었단 말이야. 이제 어떤 선수도 5번 등번호로는 뛸 수 없어."

친구의 침 튀는 설명에 비해 마릴린의 대꾸는 짧았다.

"으응, 야구 선수야? 그거 별론데."

이건 마릴린의 진심이었다.

마릴린은 지적인 남자를 좋아했지 스포츠맨에는 별로 관심이 없었다. 마릴린이 싫어하는 남자의 타입은, 이빨이 건강하고, 수다스럽고, 근육이 울퉁불퉁 튀어나오고, 분홍색 넥타이를 매는 남자였다. 왜 그런지는 잘 몰랐지만 그냥 싫었다.

그러나 마릴린은 파티에는 참석하기로 했다.

마릴린은 여전히 지각하는 버릇을 고치지 못했다. 스타가 지각을 한다고 사람들이 관대하게 봐주지는 않았다. 건방지다고 더 싫어하는 사람도 있었다. 그래도 마릴린은 굴하지 않고 지각했다.

마릴린이 햇병아리 배우였을 때 파티에 지각한 이유 세 가지는 앞에서 밝힌 바 있다. 옷과 신발과 스타킹이 보잘것없어서 그랬고, 파티가 지루했기 때문에 그랬고, 늦게 감으로써 눈길을 끌기 위해서 그랬다. 이 중에서 두 번째 이유 말고는 이제 이유가 성립되지 않았다. 그녀에겐 옷과 구두가 많았고, 더 이상 지각까지 하면서 눈길을 끌 필요는 없었다.

그러나 마릴린의 지각 버릇에는 이것 말고 진짜 이유가 따로 있었다. 그녀의 몸과 마음속에 언제나 숨어 있는 소녀 노마 진, 그녀가 진짜 이유였다.

파티가 있는 날이면 마릴린은 일찌감치 목욕을 시작했다. 여기까지는 문제가 없었다. 그러나 그녀는 향수를 뿌린 욕조에 한 시간이고 두 시간이고 드러누워 있었다. 파티 시간이 임박해도 욕조에서 일어나지 않았다. 이때 욕조는 언제나 깨끗한 물로 철철 흘러 넘치고 있어야 했다. 수돗물 아껴쓰기 운동본부에서 이 사실을 알았더라면 분개했겠지만 말이다.

눈치가 빠른 독자라면 이 대목에서 무릎을 칠 것이다.

"기다려. 노마 진은 마지막이야."

그랬다. 온 가족이 둘러앉아 음식을 먹을 때도 그랬고, 물값을 아끼려고 한 번 받은 목욕물로 온 가족이 차례로 목욕을 할 때도 그랬다. 마지막 목욕물에는 회색 거품과 더러운 기름때가 둥둥 떠 있었다.

마릴린은 깨끗하고 향기로운 물로 가득 찬 욕조에 누워 그 시절의 노마 진을 생각하고 있었다. 이렇게 늑장을 부림으로써 마릴린은 어린 시절의 노마 진에게 "한턱 내고 있는" 셈이었다.

흥! 기다리라고? 이제 노마 진은 기다리지 않아. 기다려야 할 사람은 너희들이야.

흥! 노마 진이 마지막이라고? 그래. 파티에 마지막으로 가주지. 이제 됐니?

마릴린은 자기가 파티에 늦으면 늦을수록 노마 진이 행복해한다고 느꼈다. 노마 진이 마음껏 즐기게 해주는 것, 그리고 노마 진 대신 세상에 복수해주는 것. 이것이 마릴린이 파티에 늦는 진정한 이유였다.

1년 전 어느 봄날, 미국의 야구영웅 조 디마지오는 신문에서 마릴린 먼로가 야구 방망이를 쥐고 배팅 포즈를 취한 사진을 보았다. 조는 이 아름다운 여배우가 야구에 관심이 있다는 걸 알고 기뻐했다.

그리고 1년 후 드디어 조는 파티에서 마릴린 먼로를 만나게 되었다. 마릴린은 어김없이 늦게 도착했다.

"어서 와요, 먼로 양! 이 분은 조 디마지오예요. 인사하세요."

파티의 주최자가 마릴린에게 조를 소개했다. 조는 회색 양복에 파란 점이 있는 물방울무늬 넥타이를 맨 조용한 분위기의 남자였다.

"안녕하세요? 파란 점이 넥타이 매듭 한가운데 오게 매셨네요. 그렇게 매려면 시간이 오래 걸리나요, 디마지오 씨?"

조는 대답 없이 고개를 조금 흔들었다.

일단 조 디마지오는 마릴린이 싫어하는 조건에는 들지 않았다. 육식 동물처럼 이빨이 지나치게 건강하지도 않았고, 바람둥이처럼 수다스럽지도 않았고, 레슬러처럼 근육이 울퉁불퉁하지도 않았고, 기생오라비처럼 넥타이가 분홍색도 아니었다.

마릴린은 조에게 관심이 쏠렸지만, 당장은 그런 표를 내지 않았다. 할리우드에서 지낸 세월 어느덧 7년! 그녀도 이제 할리우드식 연애법에 어느 정도 통달하고 있었던 것이다. 이럴 때는 약간 멍하고 알쏭달쏭한 표정을 짓는 것이 상책이었다. 그런 표정으로 마릴린은 조를 힐끔힐끔 관찰했다.

여기서 잠깐! 흥미로운 점은, 마릴린이 할리우드에서 초반에 친밀한 관계를 맺은 남자들 이름이 서로 비슷비슷하다는 점이다. 마릴린은 20세기 폭스 사의 중역인 '조셉 셴크의 여자'라는 소문이 났었고, 유명한 에이전트인 '조니 하이드의 여자'라는 소문도 났었다. 그리고 이제는 조 디마지오였다! 조셉, 조니, 조. 마치 '조' 자로 시작되는 돌림노래 같은 느낌을 준다.

하여간 마릴린은 조에게 점점 끌렸다. 그런데 왜 그에게 끌리는지 알 수가 없었다. 조는 과묵하기는 했지만, 지적이거나 냉철한 남자는 아니었다. 마릴린은 궁금했다.

'저 남자는 내가 영화배우라는 사실을 알고나 있을까?'

파티에 참석한 모든 남녀들이 앞다투어 조 디마지오에게 잘 보이려고 애쓰고 있었다. 파티의 중심 인물은 단연 조 디마지오였다. 마릴린은 그가 야구선수라는데, 야구란 것이 어떤 경기인지 전혀 몰라 안타까웠다. 디마지오가 이걸 알았다면 땅을 쳤을 것이다.

'저 남자는 내게 관심도 없고 내가 누구인지도 모르는 것 같아. 앉아 있어 봐야 시간 낭비야. 이제 당장 집으로 가서 저 남자를 까맣게 잊어버리고 휴식을 취하는 일만 남았어.'

파티 중간쯤에 마릴린은 아쉬운 마음으로 자리에서 일어났다. 다음 날 촬영이 있었다. 그런데 그 순간 기적이 일어났다. 그녀가 일어서자 조도 따라서 일어났던 것이다.

"문까지 바래다드려도 되겠습니까?"

조가 물었다. 마릴린은 거절하지 않았다. 드디어 문까지 왔다.

"차까지 바래다드리겠습니다."

조가 말했다. 마릴린은 거절하지 않았다. 드디어 차까지 왔다.

"제가 묵는 호텔이 이 근처인데, 좀 태워다 주시겠습니까?"

조가 물었다. 마릴린은 거절하지 않았다. 차를 타고 5분쯤 달렸다. 잠시 후면 호텔에 도착할 것이었다. 마릴린은 속도를 줄였다. 그러나 야속하게도 조가 묵고 있다는 호텔은 금방 모습을 드러냈다.

"호텔로 들어갈 마음이 안 나는군요. 잠깐 드라이브를 해도 괜찮겠습니까?"

조가 물었다. 마릴린은 거절하지 않았다. 문, 차, 호텔에 오기까지, 마릴린은 계속 마음을 졸였다. 그러나 이제 마음을 놓아도 좋았다. 드라이브에는 목적지 같은 건 없으니까.

마릴린은 순찰차를 모는 여경처럼 비버리힐즈 주변을 30분 동안이나 맴돌았다. 말이 없던 조가 드디어 입을 열었다.

"작년에 배팅 포즈를 취한 당신 사진을 봤습니다, 먼로 양."

아! 나를 알고 있었잖아?

사랑은 그렇게 시작되었다. 스물여섯 봄날 밤의 순찰차 같은 드라이브로 그렇게.

신문들은 조 디마지오와 마릴린 먼로의 열애설을 대서특필했다. 조는 언론을 통해 세상에 알려지는 것을 좋아하지 않았다. 사진 찍히고 인터뷰하는 것을 죽기보다 싫어했다. 그런 조가 하루가 멀다 하고 신문에 나는 스타 배우 마릴린과 계속 사귈 수 있을 것인가?

온 세계가 촉각을 곤두세우고 있는 가운데, 둘의 관계에 치명적인 상처를 입힐 수도 있는 사건이 발생했다.

어느 날 마릴린이 군부대를 홍보하기 위한 사진을 찍었는데, 짓궂은 카메라맨이 발코니 위에 기어올라가서 사진을 찍었다. 위에서 아래로 찍힌 사진은, 마릴린이 일부러 가슴을 많이 드러낸 것처럼 보이게 했다. 한바탕 소동이 일어났다. 특히 딸 가진 엄마들이 교육상 나쁘다고 길길이 뛰었다. 정작 딸들은 관심도 없는데 말이다.

다소 보수적인 생각을 가진 조가 이런 사태를 용납할 리 없다고 사람들은 생각했다. 둘이 헤어지는 건 시간 문제였다. 그러나 뜻밖에도 둘은 결혼을 발표했다.

조와 마릴린!

전세계는 이 커플에 열광했다. 모든 야구 팬들의 가슴속에 살아있는 신화 조 디마지오와, 모든 남성들의 가슴속에 살아있는 천사 마릴린 먼로!

1954년 1월 14일 조 디마지오와 마릴린은 결혼했다. 마릴린의 나이 스물여덟이었다. 그동안 '누구누구의 여자'라는 소문은 많았지만, 열여섯에 짐 도허티와 결혼한 이후 두 번째였고, 마릴린이란 이름으로 바꾼 후로는 첫 번째였다.

마릴린은 조를 위해 목에서 1인치 이상 파인 드레스는 입지 않기로 결심했다. 그러나 이 결심은 유감스럽게도 신혼여행 중에 깨어졌다. 마릴린의 탓은 아니었다. 세상이 마릴린을 가만히 내버려두지 않는 탓이었다.

조와 마릴린은 2월에 일본으로 신혼여행을 떠났다. 비행기가 일본 공항에 도착하기 직전에 한 장군이 그들의 자리로 찾아왔다.

"친애하는 먼로 양! 저는 크리스텐베리 장군이라고 합니다. 부디 한국에 있는 미군들을 위해 위문공연을 해주지 않으시겠습니까?"

장군의 질문에 조 디마지오가 대답했다.

"장군님. 그렇게 해드렸으면 좋겠지만 보시다시피 저희가 지금 신혼여행 중이라 시간을 내기 힘듭니다. 양해해주십시오."

장군이 이맛살을 찌푸리고 말했다.

"부군께 여쭤본 것이 아닙니다. 저는 먼로 양에게 여쭤본 것입니다. 주한미군은 우리 미국의 영광을 위해 목숨을 바쳐 싸우고 있는 군인들입니다."

마릴린은 가만히 미소만 띄운 채 있었다. 잠시 후 조가 말했다.

"가봐요, 마릴린!"

그래서 1954년 2월, 할리우드의 최고 스타 마릴린 먼로가 한국 땅을 밟게 되었다. 알다시피, 한국의 2월 날씨는 춥고 변덕스럽다. 게다가 전방부대에는 바람이 거세게 불고 눈까지 내렸다.

마릴린이 무대에 오르기 전부터 미군들은 우레와 같은 함성으로 마릴린의 이름을 외쳐댔다. 공연을 맡은 장교가 흥분해서 마릴린의 분장실로 뛰어들어왔다.

"먼로 양! 좀더 일찍 나와주셔야 하겠습니다. 더 이상은 군인들을 어떻게 통제할 수가 없어요. 무대 위로 돌을 던지고 난리도 아닙니다."

마릴린은 당장 무대로 뛰어올라갔다. 그녀의 차림은 파격적이었다. 조를 위해서 결심한 것을 깨는 건 안타까웠지만, 군인들의 위문공연을 하면서 목에서 1인치 이상 파이지 않은 드레스를 입는다는 건 불가능했다. 그녀는 가느다란 끈이 달리고 가슴선이 깊이 팬 실크 드레스를 입고 있었다.

마릴린은 소매도 없는 얇은 드레스 차림으로 영하의 기온에 눈을 맞으며 노래를 부르고 춤을 추었다. 10만 명의 군인들은 마릴린의 노래와 춤에 정신을 잃었다. 귀를 찢을 듯한 휘파람 소리, 고함소리, 박수 소리가 공연장을 가득 메웠다.

마릴린은 그토록 힘차고 뜨거운 열광을 일찍이 경험한 적이 없었다. 전세계 신문들은 한국에서 마릴린이 위문공연한 사진을 대문짝만 하게 실었다.

안된 건 홀로 신혼여행 기간을 보낸 조였다. 공연을 끝내고 돌아온 마릴린은 추위와 과로 때문에 폐렴 기운이 있었다. 둘의 사랑을 키웠어야 할 신혼여행이 끝난 후 둘의 사랑은 금이 가 있었다.

3. 다가오는 그림자

인생에서 중요한 것 두 가지.

하나는 사랑이고, 하나는 일이었다.

이제 사랑 이야기는 잠깐 접어두고, 마릴린의 일에 대해 말하자.

마릴린은 가수이기도 하고 댄서이기도 하고 모델이기도 했지만, 그녀의 직업은 뭐니뭐니해도 배우였다. 그녀가 좋은 배우였는지 아니었는지를 판단하기 위해서 그녀의 연기에 대해 말하지 않을 수 없다. 과연 그녀는 멍청하기만 한 금발 미녀였는가? 아니면 그런 역할을 제대로 연기해낸 탁월한 배우였는가?

두 번째 연기 코치인 미하엘 체호프의 지도를 받으면서 마릴린의 연기는 날로 향상되었다. 그녀가 출연한 영화를 차례대로 살펴보면 알 수 있다.

　초창기 대표작으로 꼽히는 〈나이아가라〉에서 마릴린은 여주인공 로즈 역을 맡았다. 로즈는 오직 자신만을 생각하고 자기 목적을 위해서라면 남편을 죽이는 일도 마다하지 않는 요부형 인물이었다. 마릴린은 이 영화에서 로즈의 섹시함과 사악함을 동시에 드러내는 폭넓은 연기를 했다. 이 영화에서 마릴린이 '키스'라는 노래를 부르는 장면은, 팝아트의 거장인 앤디 워홀에게 깊은 영감을 주기도 했다.

　영화의 대략적인 줄거리는 다음과 같다. 관능적인 로즈는 노이로제에 걸린 의기소침한 남편에게 싫증을 느낀다. 그래서 애인과 함께 남편을 살해할 음모를 꾸민다. 그러나 남편은 오히려 애인과의 싸움에서 이기고, 로즈를 추적해 목 졸라 죽인다. 이렇듯 영화는 비극적이고 퇴폐적인 정서로 가득하다.

　그러나 관객과 비평가와 영화제작자들은 이 영화에서 주로 마릴린의 야한 모습에만 주목했다. 몽롱하고 도발적인 노래와 춤, 엉덩이를 흔들며 걷는 독특한 '먼로 워크'는 그녀를 섹시함의 상징으로 우뚝 세워놓았다. 사람들은 그 뒤에 깃들인 마릴린의 열연은 보려하지 않았다. 이후 마릴린은 이런 도발적이면서도 악마적인 여성이라는 복합적 캐릭터를 두 번 다시 맡지 못했다.

〈나이아가라〉에서 선보인 마릴린의 뛰어난 연기에도 불구하고, 그녀가 예쁘기만 한 금발 미녀라는 고정된 이미지에는 변함이 없었다. 이 이미지를 적절히 이용하고 재미있게 변주한 것이 〈신사는 금발을 좋아한다〉와 〈백만장자와 결혼하는 법〉이었다.

〈신사는 금발을 좋아한다〉에서 마릴린은 로렐라이 역을 맡았는데, 로렐라이는 로즈와 달리 아무 상처도, 과거도 없는 귀엽고 순진한 속물형 여성이다. 로렐라이와 그녀의 친구 도로시는 파리행 여객선에 올라탄다. 로렐라이가 약혼자와 프랑스에서 결혼하기로 되어 있기 때문이다. 로렐라이는 약혼자가 준 신용장도 가지고 있다. 그러나 이 배에는 약혼자의 아버지가 로렐라이의 약점을 잡기 위해 고용한 탐정도 타고 있다. 그런데 도로시와 탐정이 사랑에 빠지게 된다. 프랑스에 도착한 로렐라이는 신용장이 정지되었다는 사실을 알게 된다. 엎친 데 덮친 격으로 다이아몬드를 훔쳤다는 혐의까지 받게 된다. 그러나 도로시와 탐정의 노력으로 로렐라이의 무죄가 밝혀지고, 로렐라이와 약혼자, 도로시와 탐정의 합동 결혼으로 영화는 막을 내린다.

전형적인 코믹 멜로인 이 영화에서 마릴린은 많은 노래와 춤을 선보였는데, '사랑이 안되면 되는 일이 없죠' 라든가 '다이아몬드는 여자의 제일 좋은 친구죠' 라는 노래는 선풍적인 인기를 끌었다. 마릴린은 백치미가 철철 넘치는 로렐라이를 능청맞게 연기했다. 한없이 멍청해 보이는 로렐라이는 남자를 유혹할 때만은 대단히 영리해지는데, 관객들은 이런 캐릭터를 마릴린의 실제 모습과 동일하게 생각했다. 남자의 애간장을 녹이는 마릴린, 그리고 그 목적을 위해 갖은 수단과 방법을 다하는 영악한 마릴린.

〈백만장자와 결혼하는 법〉에서 마릴린은 모델인 폴라 역을 맡았다. 폴라를 포함한 세 명의 모델은 백만장자를 남편으로 맞기 위해 호화로운 뉴욕 아파트에 살고 있다. 폴라는 안경을 쓰면 미워 보일까 봐 지독한 근시인데도 안경을 쓰지 않는데, 비행기를 잘못 탔다가 우여곡절 끝에 상냥한 백만장자를 만나 결혼에 골인하게 된다. 이 영화에서 마릴린은 근시 때문에 온갖 사고를 치는 폴라의 우스꽝스러운 면을 능숙하고 실감나게 연기하여 관객들이 폭소를 터뜨리게 했다. 적절한 상황에서 웃음이 터져나오도록 연기하는 능력은 생각보다 어려웠다. 마릴린은 연기 코치 체호프의 도움으로 이런 능력을 키웠다. 그럼에도 사람들은 마릴린이 곧 폴라이고, 폴라가 곧 마릴린이므로, 그녀가 연기하는 데 별 어려움이 없었으리라고 생각했다.

이 모든 화려한 배역에서 마릴린은 최선을 다했다. 그러나 결과는 마찬가지였다. 마릴린은 여전히 '멍청한 금발 미인'의 이미지를 벗지 못했다.

마릴린은 무리한 영화 촬영으로 피로와 잦은 감기, 두통에 시달렸다. 그러니 조 디마지오와 함께 애틋하고 다정하게 보낼 시간도 당연히 없었다.

조 디마지오는 결혼 전부터 자기가 마릴린의 인생에서 중요한 존재가 아닐지 모른다는 절망감에 사로잡히곤 했다. 그러던 중 마릴린이 〈돌아오지 않는 강〉을 찍다 인대가 찢어지는 사고가 발생했다. 조는 마릴린을 걱정했고 마릴린은 조에게 의지했다. 둘의 사랑은 열렬히 타올랐다. 그리하여 둘은 망설이던 결혼을 전격 발표해버렸던 것이다. 그러나 신혼여행에서 조는 다시 절망했다.

'나는 마릴린에게 무엇인가?'

혼자 신혼여행 기간을 보내면서 조는 이런 질문을 수없이 되풀이했다.

신혼여행에서 돌아온 조와 마릴린은 조의 고향인 샌프란시스코에 신혼살림을 차렸지만 오래가지 않았다. 조는 조대로 총각 시절과 다름없는 생활을 했고, 마릴린은 마릴린대로 영화를 하고 싶어 안달을 했다. 그래서 다시 살림을 할리우드로 옮겼다.

이때부터 둘의 사이는 부쩍 멀어졌다. 조는 마릴린의 촬영장에 모습을 드러내는 일이 없었고, 마릴린과 함께 참석해야 하는 행사에도 불참했다. 목에서 1인치 이상 파인 드레스를 입지 않겠다고 해놓고 약속을 지키지 않는 아내에 대한 원망도 있었다.

그리고 어찌된 까닭인지 조는 마릴린의 첫 번째 연기 코치였던 나타샤를 끔찍하게 싫어했다. 아마 나타샤가 그들 부부의 일거수일투족을 관찰했다가 나중에 회고록을 써서 세상에 잔뜩 떠벌릴 것을 예감했기 때문에 그랬는지도 모른다. 이때 마릴린은 체호프의 연기지도를 받고 있었지만, 자질구레한 대본 연습은 나타샤와 함께 하고 있었다. 조가 그렇게 싫어함에도 불구하고 마릴린은 일부러 그러기라도 하듯 나타샤와 일을 계속했다.

조가 그토록 싫어했던 나타샤의 회고록에 의하면, 결혼생활 동안 조는 마릴린을 정신적, 육체적으로 학대했던 것으로 전해진다. 한때는 마릴린과 발성 코치 사이의 관계를 의심하여 발성 코치가 자살을 시도하게 만들기도 하고, 가끔은 질투심에 눈이 멀어 마릴린에게 폭력을 휘두르기도 했다. 그럴 때면 마릴린은 어린 시절의 노마처럼 몸을 작게 웅크리고 구석에서 벌벌 떨었다.

마릴린은 영화를 촬영하면서 점점 빈혈이나 피로를 호소하는 일이 잦아졌다. 아무리 힘들어도 카메라만 돌면 반짝 살아나던 마릴린이, 카메라가 돌아도 맥을 못 추고 눈가에 거무스레한 다크 서클이 생겨 피로감이 역력했다.

마릴린의 절망감은 조의 절망감에 댈 것이 아니었다. 그토록 혼신의 힘을 다해 연기했건만 들어오는 배역은 항상 '멍청한 금발 미인' 역뿐이었다. 그리고 집에 돌아가면 조는 그녀를 끊임없이 의심하고 학대했다.

마릴린은 엄청난 스트레스를 해소하기 위해 자주 술을 마셨으며, 각성제와 수면제를 복용하기도 했다. 때로는 견디지 못하고 울며불며 이렇게 소리치기도 했다.

"뇌가 나를 떠나고 있어. 미쳐버릴 것 같아."

그래서 마릴린은 죽어도 피하려 했던, 죽어도 그것만은 받지 않으려 했던, 정신과 치료를 받기 시작했다.

우리가 기억하는 마릴린의 모습 중에 가장 유명한 것은 무엇일까?

누구나 첫 손가락에 꼽는 것이, 바람에 휜 원피스 자락이 부채꼴로 날아오르는 모습이다.

마릴린은 지하철 환풍구 위에 두 발을 벌리고 서 있다. 지하철이 일으키는 바람에 치마가 순간적으로 부풀어오른다. 마릴린은 당황한 표정으로, 위로 펄럭이는 치맛자락을 살짝 손으로 누르고 있다. 특별히 야한 모습도 아니다. 어린애들의 '아이스케키' 놀이처럼 천진한 분위기까지 감돈다. 그런데도 이 사진에서 마릴린이 취한 포즈와 물결치는 듯한 치마의 곡선과 늘씬한 각선미는 사람들의 눈을 사로잡았다. 이 사진은 전세계 잡지와 신문의 지면을 화려하게 장식했다.

이는 〈7년 만의 외출〉의 한 장면으로, 더위가 한풀 꺾인 가을 새벽 2시에 촬영되었다. 리허설을 하는 동안 열다섯 번이나 치마가 올라갔고 이것을 구경하기 위해 수천 명의 인파가 모여 들었다. 바람을 일으키는 기계가 마릴린의 치마를 날리면 사람들은 환호성을 질렀다.

"조금만 더! 조금만 더!"

오래 전 한 사기꾼이 연기 테스트를 한다고 속이고 마릴린을 오디션

사무실로 데려가 속삭이던 내용과 똑같았다.

"조금만 더! 조금만 더!"

조용히 그 광경을 지켜보고 있던 조 디마지오는 입술을 깨물며 자리를 떴다. 결혼 전 아내는 목에서 1인치 이상 파인 드레스는 입지 않겠다고 약속하지 않았던가.

지하철 환풍구 장면을 찍고 마릴린이 호텔로 돌아온 시각은 새벽 4시였다. 이때부터 조와 마릴린의 방에서는 고함을 지르고 심하게 다투는 소리가 들려왔다. 같은 호텔에 투숙했던 손님들의 말에 의하면, 처음에는 호텔이 떠나갈 정도의 고함소리가 들리더니, 다음에는 몸싸움과 난투극을 벌이는 소리가 났고, 마지막에는 통곡하는 소리가 들렸다고 한다.

다음날 아침 조 디마지오는 호텔을 떠났다.

한달 후 마릴린의 변호사가 이혼을 발표했다. 법적인 절차가 남아 있었지만 조 '와' 마릴린 사이에서 '와' 라는 연결고리는 사라졌다.

이런 우여곡절 끝에 촬영한 〈7년 만의 외출〉은 마릴린 먼로 최고의 대표작 중 하나였다. 빌리 와일더 감독의 이 영화에서 마릴린이 맡은 역할 또한 천진한 금발 여성이었다. 그러나 주목할 점은, 이 영화에서 비로소 마릴린이 자신의 이미지를 완성했다는 사실이다. 이제 마릴린은 재벌의 정부도, 상사의 비서도, 한 남자의 애인이나 아내도 아니었다. 이름도 없이 '그 여자' 로 출연한 마릴린은, 이 영화를 통해 모든 남자의 연인이 되었고, 마침내는 누구도 흉내낼 수 없는 환상적인 여인의 반열에 오르게 되었다. 마릴린이 보여준 매력, 마릴린이 행한 연기, 둘 다 나무랄 데 없을 만큼 완벽했다. 조니 하이드가 살아서 이 영화를 보았다면 기립 박수를 치며 이렇게 외쳤을 것이다.

"바로 그거야, 마릴린!"

다음 해인 1955년 봄, 마릴린은 뉴욕 매디슨 스퀘어 가든에서 열린 자선행사에 분홍색 코끼리를 타고 참석했다. 그리고 그때 생애 처음으로 환각을 보았다. 환각을 본다는 것은 심각한 정신질환의 증세였다.

그녀가 본 환각은 어떤 것이었을까? 그녀의 엄마 글래디스와, 외할아버지와, 증조할머니가 본 것과 비슷한 것이었을까? 그건 아무도 모른다.

이 행사를 마친 후 몸과 마음이 지칠 대로 지친 마릴린은 영화일을 완전히 접고 1년여의 휴식 기간을 갖기로 했다.

휴식 기간 동안 마릴린은 새로운 연기 코치인 리 스트라스버그를 만났다. 첫 번째 연기 코치인 나타샤와는 조와 헤어지면서 관계를 싹 끊었고, 두 번째 연기 코치인 체호프는 안타깝게도 가을에 죽었다. 특히 마릴린은 첫 연기 코치였던 나타샤와 원수지간이 되어 결별하게 되는데, 마릴린에 대한 나쁜 이야기 중 상당 부분이 나타샤의 입에서 흘러나오게 된다. 나타샤는 마릴린에 대해 매우 적대적인 회고록을 썼는데, 그 글에서 마릴린이 연기와 감정표현에 매우 서툴렀으며, 그녀가 배우로 성장하게 된 것은 전적으로 자기 덕분이라고 주장했다. 두 여자의 이야기는 어긋나는 경우가 많았는데, 누구의 이야기가 옳은지는 마릴린과 나타샤, 그리고 하느님만이 알 것이다.

마릴린은 세 번째 연기 코치인 리의 지도에 따라 피나는 연기 훈련을 했다. 이상한 것은, 연기 훈련을 받으면 받을수록 연기에 대한 불안감이 더 커진다는 점이었다. 리도 체호프와 마찬가지로 메소드 연기법을 원칙으로 삼았다. 어떤 사람들은, 메소드 연기법이 과거의 경험을 자꾸 떠올리게 하기 때문에, 불우한 어린 시절을 보낸 마릴린을 고통과 불안에 빠뜨렸을 수도 있다고 주장했다.

이 즈음 마릴린은 이전부터 받기 시작한 정신과 치료를 더 자주 받았고, 약물도 이것저것 섞어 복용했다. 주치의인 그린슨 박사는 그녀가 대단히 위험한 진통제를 주사하는 것을 보고 놀라 당장 중지할 것을 요구하기도 했다.

그해 11월, 조 디마지오와의 이혼이 법적으로 마무리되었다. 온 세계를 떠들썩하게 했던 결혼은 이렇게 막을 내렸다.

4. 마지막 영광

1956년, 마릴린은 서른 살이 되었다.

2월에 그녀는 1년여의 휴식을 끝내고 할리우드로 복귀했다. 할리우드 언론은 요란스럽게 그녀를 환영했다.

〈버스 정류장〉의 촬영이 시작되었다. 이 영화에서도 마릴린은 금발 미인 체리 역을 맡았다. 그러나 체리는 마릴린이 연기한 금발 미인 중 가장 인간적이고 미묘하며 고통받는 여성 캐릭터였다. 체리는 화려한 의상 대신 볼품없고 낡아빠진 옷을 입었고, 화장기 없는 창백한 안색에 피로하고 지친 모습이었다. 뜻밖에도 이런 마릴린의 모습이야말로 어느 때보다 더 매혹적이었으며 연민과 공감을 자아냈다. 체리는 마릴린보다는 노마 진을 닮았다.

체호프와 리 스트라스버그의 연기 지도로 마릴린의 연기력은 절정에 달해 있었고, 그 실력은 〈버스 정류장〉에서 유감없이 발휘되었다. 영화가 개봉되자 평론가들은 마릴린의 새로운 모습에 찬사를 보냈다.

그러나 전세계 언론을 더 요란스럽게 만든 일이 일어났다. 마릴린이 아서 밀러와의 세 번째 결혼을 발표한 것이었다.

미국이 낳은 최고의 극작가 아서 밀러!

저 유명한 〈세일즈맨의 죽음〉의 작가 아서 밀러!

전설적인 야구선수와 이혼하고 새롭게 선택한 신랑감이 대 문학가 아서 밀러라니, 사람들은 감탄하지 않을 수 없었고, 마릴린의 높은 안목에 혀를 내두르지 않을 수 없었다.

아서와 마릴린!

이 커플 네임은 좀 어울리지 않는다. 그러나 이름 대신 성으로 묶으면 매우 어울린다.

밀러와 먼로!

밀러와 먼로가 처음 만난 것은 꽤 오래 전으로 거슬러 올라간다.

1950년 겨울, 그러니까 조니 하이드가 죽은 지 얼마 되지 않아서였다. 모임에서 처음 만난 마릴린과 아서는 많은 이야기를 나누었다. 그녀는 처음 만난 아서에게 자신의 슬픔을 솔직하게 털어놓았고, 아서는 처음 만난 그녀에게 자신의 예술관이나 다음에 쓸 희곡에 대해 허심탄회하게 이야기했다. 더구나 둘은 링컨을 좋아한다는 데서도 통했다. 아서는 그녀 곁에 앉아 가만히 그녀의 발가락을 어루만졌다. 자기 발가락을 가만히 만져주는 행위, 거기에서 마릴린은 천 마디의 말보다 더한 위로를 얻었다.

그러나 둘의 인연은 거기서 더 이상 발전되지는 않았다.

그렇다고 거기서 그치지도 않았다.

마릴린과 아서는 꾸준히 편지를 주고 받았다. 힘들 때마다 마릴린은 아서의 편지를 읽고 기운을 북돋우곤 했다. 지적인 작가 아서는, 다른 지적인 남성들처럼, 마릴린이 무식하다는 둥, '태아' 수준이라는 둥 하며 비판하지 않았다. 아서는 마릴린을 있는 그대로 사랑했다. 그런 의미에서 아서는 조니 하이드와 비슷했다.

그러던 중 마릴린이 조 디마지오와 호텔방에서 대판 싸우고 헤어지는 일이 생겼다. 그 직후에 둘은 다시 만났다. 둘 다 아직 법적으로 이혼한 건 아니었지만, 실질적으로는 이혼을 발표했거나 이혼한 것과 다름없는 생활을 하고 있었다.

이혼이 법적으로 완료된 후 둘은 아서의 시골집에서 유태 관습에 따른 종교적 결혼식을 올렸다.

아서에게는 마릴린이 좋아할 만한 면이 모두 있었다.

그는 지적이었고, 예술적 감수성이 풍부했고, 소년 같은 매력을 풍겼다. 더구나 그는 정치적으로 급진적이었다. 그는 공산주의를 옹호하는 글을 쓴 혐의로 정부로부터 협박을 받았고, 요주의 인물로 취급되어 여권도 발급 받지 못했다.

마릴린은 위험을 무릅쓰고 아서를 지지했고 정부를 비판했다.

"나는 밀러의 행동을 자랑스럽게 생각해요. 그는 내게 정치적 자유가 얼마나 소중한지를 일깨워 주었어요"

마릴린은 어디서나 두려움 없이 이렇게 말하고 다녔다.

결혼한 후, 마릴린은 영국에서 영화를 촬영하기로 되어 있었다. 물론 아서도 동행할 예정이었다. 그러나 해외로 나가기 위해서는 여권이 필요한데 아서에게는 여권이 없었다. 그러자 영국과 프랑스의 언론들이 들고 일어나 이토록 위대한 작가에게 여권을 발급하지 않는 미국 정부를 맹렬히 비난했다. 항의가 거세지자 미국 국무성은 할 수 없이 아서 밀러에게 말소되었던 여권을 재발급했다.

신혼부부는 영국으로 날아갔다. 조 디마지오와 마릴린이 일본으로 신혼여행을 떠났을 때처럼, 전세계 언론은 밀러 부부에게 뜨거운 관심을 보냈다.

그러나 마릴린이 영국에서 찍은 영화 〈왕자와 무희〉는 그다지 훌륭하지 못한 작품이었다. 게다가 영국 언론은 매일 마릴린의 지적 취향이나 연기력을 무시하는 기사를 내보냈다. 함께 영화를 찍는 대배우

로렌스 올리비에마저 그녀에게 '섹시할 것'만을 주문했다. 코믹 영화를 찍는데 무슨 말라비틀어진 메소드 연기법이냐고 공공연히 무시하는 사람들도 있었다.

마릴린은 영국에서 영화를 찍는 내내 격분한 상태였다. 불면증과 무기력증에 시달렸고, 촬영장에 가기 전에 술을 마시고 각성제를 복용하는 일이 잦았다. 촬영장에 가지 않으려는 그녀를 데려가느라고 아서와 주변 사람들은 보통 애를 먹는 게 아니었다.

그러다 일기장 사건이 터졌다.

마릴린는 오전 아홉 시쯤에 차와 함께 술을 마셨는데, 어느 날 사진작가가 술에 물을 타고 있는 것을 보고 화를 벌컥 냈다.

"왜 술에 물을 타는 거야? 내가 취할까 봐 그래?"

이때부터 그녀는 기분이 잔뜩 상해 있었다. 술을 마시고 각성제를 먹고서도 그녀는 자리에서 일어나지 않았다.

"마릴린, 늦었어. 촬영장에 이미 가 있어야 할 시간이야."

아서가 말했다. 심사가 좋지 못한 마릴린은 남편의 말을 못 들은 척했다. 아서가 방을 나간 후 그녀는 우연히 탁자 위에 펼쳐진 그의 일기장을 보았다.

"이제 지쳤다. 환멸, 환멸, 환멸……."

묻지 않아도 그건 마릴린과의 결혼생활에 대한 고백이었다. 마릴린은 가슴이 무너지는 것 같았다. 그녀는 울고불며 연기 코치인 리 스트라스버그에게로 달려갔다. 조 디마지오와의 신혼여행 때 겪었던 악몽이 되살아나는 순간이었다.

그러나 마릴린은 그때보다 현명하게 처신했다. 물론 아서도 조보다는 사려 깊었다. 영화촬영이 끝나자마자 둘은 미국으로 돌아왔다. 그리고 롱아일랜드에 있는 작은 별장에서 단 둘만의 시간을 가졌다. 그들은 서로에게 열중했고, 서로를 깊이 탐색했다. 그들은 서로의 사랑을 확인한 후 화목한 가정을 이루기 위해 노력하기로 합의했다. 이제 그들의 행복을 위해 필요한 것은 아기뿐이었다.

1957년 초여름, 서른한 살의 마릴린은 임신을 했다.

드디어 원하던 아기를 갖게 되었으니 춤을 춰도 모자랄 판에, 마릴린은 극심한 우울증에 시달렸다. 아서와 함께 파티에 참석했다가도 몰래 빠져 나와 베란다에서 혼자 웅크리고 앉아 흐느끼곤 했다.

"마릴린, 왜 울고 있어? 무슨 일이야?"

친구가 다가와 물으면 마릴린은 입에 손가락을 갖다 댔다.

"제발 이유는 묻지 마. 아서한테 이야기하지도 말고. 그저 울고 싶을 뿐이야. 날 좀 내버려 둬."

오래 전, 노마 진이 상상 속에서 아버지를 만났던 것처럼, 마릴린은 상상 속에서 아기를 만났다. 그녀는 아기를 낳으면 절대 아기에게 거짓말을 하지 않겠다고 맹세했다. 산타가 있다든가, 이 세상은 서로 돕고 사는 세상이라든가, 이 세상은 고상하고 훌륭한 사람들로 가득차 있다든가 하는 거짓말을 하지 않을 것이다. 그리고 아기가 묻는 말에 무엇이든 대답해주겠다고 맹세했다. 그것이 사랑에 관한 것이든 성에 관한 것이든 모조리 대답해줄 것이다. 그래야 아홉 살의 노마 진처럼 나쁜 일을 당하는 일이 없을 테니까.

아아, 나의 아기. 나의 아기.

마릴린은 뱃속에 든 아기를 미칠 만큼 사랑했다. 그런데도 왜 이토록 우울한지 스스로도 알 수가 없었다. 그녀는 울면서 하루하루를 보냈다. 어서 빨리 아기를 낳고 싶었다. 그러나 울보 임산부는 몇 주 후 응급실로 실려갔다. 아기는 지나치게 빨리 나왔다. 자연 유산이었다.

"마릴린, 솔직히 말해보세요."

산부인과 의사가 물었다.

"이제까지 몇 번이나 낙태수술을 받았죠?"

"글쎄요."

"마릴린, 이건 중요한 문제니까 거짓말을 해선 안돼요. 다섯 번이 넘나요?"

"……"

"열 번이 넘나요?"

"…… 그런 것 같아요."

의사는 한참 동안 침묵을 지킨 후 이렇게 단언했다.

"유감이지만 당신은 앞으로 아기를 낳을 수 없을 것 같아요."

첫 남편 짐 도허티가 전쟁에서 돌아와 아기를 갖자고 했을 때 마릴린은 거부한 바 있다. 한창 피어나는 열여덟 살의 마릴린은 모델이 되려는 꿈 때문에 아기를 희생시켰다. 그러나 자서전에서는 아기가 자기처럼 불행한 고아가 될까 봐 그랬다는 식으로 변명했다. 이런 점에서 마릴린은 영리하기로 정평이 나 있다. 마릴린은 궁지에 몰리면 사실을 빼먹거나 부풀리거나 지어내는 버릇이 있었다. 아마 어렸을 때부터 자주 궁지에 몰렸기 때문에 얼렁뚱땅 둘러대는 버릇이 생겼을 것이다. 상대가 믿어주지 않는데 진실을 말할 사람이 누가 있을까?

마릴린에게 호의적이지 않는 사람들은 그녀가 자주 거짓말을 하거나 말도 안 되는 변명을 늘어놓는다고 비난했다. 어린 시절에 대한 그녀의 회상에도 모순된 부분이 많다고 지적한다. 예를 들어, 어떤 인터뷰에서는 어렸을 때 전혀 사랑을 받지 못하고 자랐다고 말해서 동정표를 싹쓸이하는가 하면, 다른 인터뷰에서는 어렸을 때 자기를 사랑해준 사람들에 대한 애정과 고마움을 과장하여 거짓 감동을 불러일으키곤 한다는 것이다.

하지만 분명한 것은 마릴린이 누구를 해치기 위해 거짓말을 한 적은 없다는 사실이다. 마릴린은 오직 자기를 보호하기 위해서만 거짓말을 했다. 그리고 거짓말을 한 후에는 스스로도 그 거짓말을 믿었다. 때로는 자기 거짓말에 취해 울기도 했다.

아기에 대한 거짓말, 이것도 그녀를 울렸다. 한때는 모델이 되기 위해서, 다음에는 배우가 되기 위해서, 마릴린은 수도 없이 낙태수술을 받았다. 그녀는 아기 엄마가 되는 일을 너무 늦게까지 미루었고, 이제 정말 아기를 원하게 되었는데 낳을 수 없었다.

아기를 유산한 지 얼마 지나지 않아 마릴린은 다시 응급실로 실려갔다. 수면제 과다복용에 의한 자살시도였다. 나타샤의 회고록에 의하면, 그전에도 마릴린은 여러 번 자살을 시도한 적이 있다고 하는데 근거는 확실하지 않다.

병문안 온 친구가 위세척을 하고 침대에 누워 있는 마릴린에게 조심스레 물었다.

"어때, 마릴린?"

"살아 있어. 운이 나쁘게도."

마릴린은 초조한 목소리로 말했다. 그리고 잠시 후 이렇게 덧붙였다.

"잔인한 것들이야. 나쁜 놈들! 오 맙소사……."

그녀가 말하는 잔인한 것들이나 나쁜 놈들이 누구를 말하는지는 아무도 알 수 없었다.

마릴린이 시를 쓰고 그림을 그렸다는 건 의외인 것 같지만 꼭 그렇지만도 않다. 그녀의 정신을 위로해주는 것으로 시나 그림만 한 것은 없었다. 시와 그림은 그녀의 마음을 비추는 거울과도 같았다.

삶

나는 두 갈래로 나뉜 곳에 서 있다

강추위 속에서도 쓰러지지 않는다

거센 바람을 견뎌내는 거미집만큼 강하다

불안하게 매달려 있지만

끝까지 견뎌내는 거미줄

언젠가 그림에서 본 빛깔을 띤

구슬 같은 빛

아아, 삶이여

그들은 너를 속여왔다.

마릴린의 자작시 중 일부이다. '두 갈래로 나뉜 곳'은 그녀 삶의 어디쯤을 말하는 것일까? 그녀를 속여온 '그들'은 누구일까? 그 잔인한 것들, 그 나쁜 놈들은? 아무도 모른다.

마릴린이 그린 그림들 또한 '두 갈래'로 나뉜다. 한편에는 교활하면서도 관능적인 여성이나 가슴과 엉덩이가 풍만한 여가수의 그림이 있다. 다른 한편에는, 초라한 옷에 발목께로 흘러내린 양말을 신은 흑인 소녀, 고통 속에 몸을 웅크리고 있는 사람, 자기 손을 열심히 바라보는 늙은 여인의 그림이 있다. 앞의 것이 금발 여배우 마릴린의 자화상이라면, 뒤의 것은 고아 소녀 노마 진의 자화상이었다. 그림은 두 극단으로 분열되어 있었다.

두 극단, 노마 진과 마릴린, 버림받은 고아와 찬란한 스타 여배우 사이의 거리는 늘 그녀를 괴롭혔다. 이 거리는 죽을 때까지 좁혀지지 않았다. 어쩌면 그녀는 두 벼랑 사이, 그 깊은 틈바구니에 빠져 죽었는지도 모른다. 그것은 소위 정신분석학에서 분열증이라 부르는 질병이었다.

알다시피 마릴린에게는 어려서부터 오랫동안 거울을 들여다보는 버릇이 있었다. 이제 그 거울은 하나가 아니라 둘이었다. 둘로 분열된 그녀 자신처럼.

마릴린은 두 개의 거울 사이에 자주 서 있곤 했다. 그리고 몇 번이나 천천히 몸을 돌리며 여러 각도로 자기 몸을 주의깊게 살펴보았다.

"정말 아름다워요, 마릴린."

가정부가 말했다.

"고마워요."

마릴린은 뒤를 돌다 말고 얼굴을 찌푸렸다.

"사람들은 남자들이 내 엉덩이를 좋아한다고 말하겠죠?"

"그래요. 정말 아름다우니까요."

가정부의 말에 마릴린은 깔깔대며 웃었다. 그리고 옷장으로 걸어가 블라우스가 들어 있는 서랍을 열었다.

"오늘은 뭘 입지?"

마릴린은 갑자기 블라우스 열 장을 홱 잡아당겨 들어올리더니 바닥에 내동댕이쳤다.

"이게 아니야! 이게 아니란 말이야!"

무엇이 아닌지 가정부는 알 수 없었다.

"뭘 찾는데요?"

"이게 아니야! 이게 아니야! 이게 아니야!"

마릴린은 같은 말만 되풀이하며 블라우스를 집어던졌다. 그녀가 찾던 블라우스는 어떤 것이었을까? 혹시 어렸을 때 고아 노마 진이 입던 그 헐렁한 흰색 블라우스는 아니었을까?

하루도 평온한 날이 없었다. 마릴린에게도, 아서에게도, 가정부에게도.

가정부 레나 페피톤은 마릴린이 죽은 후에 책을 써서 출판했는데, 당연히 마릴린에 대해 좋게 쓰지는 않았다. 나타샤나 레나처럼, 마릴린 주변에 있던 사람들은 마릴린의 유명세에 편승해 책을 써서 돈을 벌었지만 항상 마릴린에 대해 좋게 쓰지는 않았다.

1958년 8월 4일, 새로운 영화 〈뜨거운 것이 좋아〉의 촬영이 시작되었다. 이번에도 마릴린에게 주어진 배역은 멍청한 금발 미인 슈거였다. 아서는 아내에게 그런 배역이 맡겨진 것에 분개했다. 더구나 아내는 다시 임신을 한 상태였다. 그러나 마릴린은 의외로 담담하게 이 배역을 받아들였다.

영화는 조와 제리, 두 음악가가 학살 사건을 목격하는 것으로 시작된다. 그들은 목격자라는 이유로 악당에게 쫓기는데, 추적을 피하기 위해 여자로 변장하여 밴드에 합류한다. 이 밴드에 슈거라는 금발 미인이 있다. 이들 사이에서 벌어지는 우여곡절이 영화의 줄거리이다. 슈거를 경쟁적으로 사랑하는 조와 제리 역을 맡은 토니 커티스와 잭 레먼은, 실제로도 영화를 촬영하는 내내 마릴린을 애지중지하며 경쟁적으로 사랑했다. 더구나 감독도 〈7년 만의 외출〉을 맡았던 빌리 와일더 감독이었다. 마릴린은 모든 게 흡족했다.

사실 이 영화에서 슈거라는 여성은 상투적이고 성격이 불분명한 인물이었다. 그러나 마릴린은 뛰어난 연기력으로 슈거를 살아 숨쉬는 개성적인 인물로 바꿔놓았다. 노래면 노래, 대사면 대사, 몸짓이면 몸짓, 어느 하나 마릴린이 아니면 표현해낼 수 없는 것들이었다. 슈거가 고통을 참으며 '나는 사랑과 결별해요'라는 노래를 부르는 장면에서는 모든 스탭들이 엄지손가락을 치켜세웠다.

문제는 촬영이 끝난 후에 일어났다. 빌리 와일더 감독은 촬영이 끝나기만을 기다렸다는 듯 마릴린에 대한 좋지 않은 감정을 여지없이 드러냈다. 그녀가 촬영장을 오래 비우는 바람에 일정이 늦어졌고, 예산도 50만 달러나 초과되었으며, 촬영 내내 변덕스럽고 철이 없고 지각하기 일쑤였으며, 촬영장에까지 보드카를 가져와서 마셨다고 목청을 돋구었다.

아서 밀러는 아내 대신 감독에게 편지를 썼다.

"빌리 와일더 감독님. 아내가 이 영화를 촬영하기 전에 임신한 상태였다는 건 알고 계시겠지요? 그래서 하루종일 촬영하는 것이 곤란했다는 것도 알고 계시겠지요? 목 부위의 심한 통증 때문에 치료가 끝날 때까지 일을 해선 안 된다는 주치의의 충고를 어기고 아내가 촬영에 참가했던 것도 알고 계시겠지요? 마지막으로 촬영이 끝난 지 열두 시간만에 아내가 유산한 것도 알고 계시겠지요? 아내는 이 영화에 최선을 다했습니다. 외람되지만 저는 감독님께서 아내와 화해해주시기를 간절히 바라고 있습니다."

사실이었다. 마릴린은 영화 촬영이 끝난 지 열두 시간만에 병원에 실려갔고 아기는 또 유산되었다.

〈뜨거운 것이 좋아〉는 개봉되자마자 크나큰 흥행 돌풍을 일으켰다. 마릴린이 출연한 영화 중 가장 성공한 코미디 영화였다. 여기에는 그녀의 연기도 한몫 톡톡히 했다. 와일더 감독이 마릴린을 비난한 것은 치졸하고 비열한 짓이었다는 여론이 형성되었다. 와일더 감독은 마지못해 그녀의 유산 소식에 유감을 표했다. 그러나 그녀와 화해하려고는 하지 않았다.

아기는 또 잃었지만 이 영화로 마릴린은 스크린 최고의 여신의 자리에 등극했다. 연기를 못하고 카메라를 받지 않는다고 영화사로부터 해고를 당했던 그녀가, 엉덩이를 흔들며 걷는 '먼로 워크' 빼고는 잘하는 게 없는 멍청한 금발 미인이라고 괄시받던 그녀가, 빼어난 연기력으로 골든 글러브 상을 수상했던 것이다.

찬란하고 기특하여라, 우리의 여신 마릴린 먼로여!

제4부
사라진 여신을 위하여

1. 꺼져가는 불꽃

"당신이 내 마지막 기회를 빼앗았어요! 당신이 내 아기를 빼앗아 갔
다고요!"

마릴린은 아서에게 이렇게 소리쳤다.

스스로도 왜 이렇게 말하는지 몰랐다. 〈뜨거운 것이 좋아〉의 출연은
그녀 스스로 결정한 일이었고 아서는 오히려 탐탁찮게 여기며 영화 출
연을 반대했다. 또 그녀의 유산은 꼭 영화 촬영 때문만은 아니었다. 그
이전에 행했던 열 번이 넘는 낙태 때문이었다. 여기에 대해 아서는 아
무 책임이 없었다. 그러나 그녀는 막무가내로 남편을 비난했다.

두 번째 유산은 밀러 부부의 사이를 완전히 갈라놓았다.

마릴린은 다시 한번 임신을 하기 위해 수술을 받았지만 효과는 없었다. 그러는 동안 아서는 〈이상한 사람들〉이라는 영화의 시나리오를 완성하느라 바빴다. 이 영화에는 마릴린이 여주인공으로 나오기로 되어 있었다. 천재적인 극작가의 시나리오와 재능 있는 여배우의 연기가 결합할 날이 머지 않았다. 그러나 둘 사이는 냉동고 안처럼 냉랭했다.

〈이상한 사람들〉의 시나리오를 완성한 아서 밀러는, 이 영화의 감독을 맡을 존 휴스턴을 만나러 아일랜드로 떠나게 되었다. 존 휴스턴은 〈아스팔트 정글〉에 마릴린을 출연시켜 그녀가 스타덤에 첫 발짝을 내딛는 데 큰 공을 세운 명감독이었다. 그 영화를 찍을 당시 마릴린은 조니 하이드로부터 무한정의 격려와 도움을 받았다. 마릴린은 그 시절의 조니가 그리웠다. 아서가 조니처럼 자기를 아무 조건 없이 사랑해주기를 바랬지만 아서는 그녀를 혼자 내버려두고 아일랜드로 떠나고 말았다.

아서가 떠난 후 마릴린은 남편에게서 영원히 버림받았다고 느꼈다. 이후 그녀의 생활은 방탕해졌다. 그때 마릴린은 프랑스의 명배우인 이브 몽탕과 〈사랑합시다〉를 찍고 있었는데, 촬영기간 동안 이브 몽탕과 사랑에 빠져 쥐도 새도 모르게 잠적했다 돌아오기도 했고, 어떤 때는 모든 연락을 끊어버리고 촬영장에 나타나지 않기도 않았다.

마릴린에게 호감을 느꼈던 이브 몽탕도 이런 무책임한 행동에는 화가 났다. 참다못한 이브 몽탕은 마릴린의 변덕스런 성격을 비난하며 빨리 촬영장에 나오기를 바란다는 쪽지를 그녀의 집 문틈으로 밀어 넣고 돌아왔다. 그날 밤 이브 몽탕은 아서로부터 전화를 받았다.

"저는 지금 아일랜드에 있는데, 조금 전에 아내에게서 전화가 걸려왔습니다. 아내는 자기 행동을 몹시 부끄럽게 생각하고 있습니다. 제발 지금 아내에게로 가서 아내를 용서한다고 이야기해주시기 바랍니다."

이브 몽탕의 숙소는 마릴린의 집 바로 옆에 있었다. 그는 마릴린의 집으로 가서 문을 두드렸다. 마릴린이 번개같이 튀어나와 그의 품에 안겼다.

"내가 나빴어요! 내가 나빴어요! 내가 나빴어요! 다신 안 그럴게요. 약속해요!"

마릴린은 어린애처럼 울고불며 외쳤다.

"이러지 말아요, 마릴린. 당신을 용서할 테니 제발 울지 말아요."

이브 몽탕은 마릴린을 달랬다.

그러나 이런 일은 한 번으로 끝나지 않고 영화를 찍는 내내 반복되었다. 마릴린이 촬영장을 비우고, 이브 몽탕이 화를 내고, 아서가 몽탕에게 전화를 하고, 마릴린이 울고불며 회개하는 일!

이런 과정을 거쳐 완성된 〈사랑합시다〉는 역시나 별볼일 없는 작품으로 끝났다.

1960년, 드디어 역사적인 영화 〈이상한 사람들〉의 촬영이 시작되었다.

존 휴스턴 감독, 아서 밀러 각본에, 클라크 게이블, 몽고메리 클리프트, 엘리 월라치, 마릴린 먼로 등 완벽한 캐스팅을 자랑하는 최고의 영화였다. 신문과 잡지는 이러한 사실을 대서특필했다. 그러나 마릴린에게는 오직 하나의 사실만이 중요했다.

오! 클라크 게이블!

어린 시절 노마 진은 아버지의 사진을 보고 클라크 게이블을 닮았다고 생각한 적이 있었다. 그래서 마릴린은 배우가 된 후에도 클라크 게이블과 영화를 함께 찍어보는 게 소원이었다. 마침내 함께 영화를 찍게 된 것이다.

그런데 정작 촬영장에서 게이블을 만났을 때 마릴린의 태도는 새침했다. 게이블이 그녀에게 키스하려고 다가가자 그녀는 물러났다.

"전 당신을 그런 식으로 느끼지 않아요."

마릴린은 이런 알쏭달쏭한 말을 던지고는 그의 키스를 거절했다. '그런 식'이란 게 뭔지는 몰랐지만, 클라크 게이블은 어깨를 으쓱하고 태연자약한 표정을 지으며 돌아섰다.

'알 수 없는 여자로군. 그렇게 나와 함께 촬영하기를 학수고대한다고 언론에 떠들었으면서.'

클라크 게이블로서는 얼떨떨했겠지만, 이 장면은 아버지와 딸이 오랜 세월이 흐른 후 처음 만나는 장면으로 이해해야 한다. 어떻게 아무렇지 않게 키스를 받을 수 있겠는가? 더구나 자기를 버린 아버지인데.

비록 키스는 거절했지만, 마릴린은 클라크 게이블 앞에서 완벽한 연기를 보여주기 위해서 갖은 노력을 다했다. 연기를 잘하려는 중압감은 극도의 신경쇠약을 불러왔다.

영화를 찍는 내내 마릴린은 밤이면 히스테리를 부리고 소리를 지르고 물건을 부수었다. 아서는 차분히 아내를 달래려 했지만, 다량의 진정제만이 그녀를 달랠 수 있었다. 너무 많은 진정제 때문에 그녀는 아침에 일어나지도 못했고, 마사지사의 마사지를 받고 여러 사람들의 부축을 받고서야 겨우 촬영장에 도착할 수 있었다.

그러던 중에 결국 마릴린은 처음으로 정신병 발작을 일으켰다. 서른 넷, 여름이었다. 발작을 일으킨다는 것은 정신질환에서 아주 위험한 상태를 나타내는 것이다. 그녀는 즉시 병원에 입원했고 촬영은 일주일 동안 중단되었다. 그리고 이때부터 병문안을 왔던 두 번째 남편 조 디마지오가 이후로 그녀의 열렬한 후원자가 되었다.

마릴린이 퇴원한 후 아서와 그녀는 각방을 썼다. 그리고 다른 사람들 앞에서도 사이좋은 부부처럼 연기하지 않았다. 그 연기마저도 못할 만큼 둘 다 지쳐 있었다.

그러나 영화는 점차 완성을 향해 치달려가고 있었다. 원래 예술성이 높은 영화가 특별한 줄거리를 갖지 않듯이 〈이상한 사람들〉도 그랬다. 굳이 스토리를 말하자면, 남편과 막 이혼을 한 로즐린이 세 남자를

만나는 것으로 영화는 시작된다. 클라크 게이블, 몽고메리 클리프트, 엘라 월라치는 야생마를 사냥하며 자유분방하게 살고 싶어하는 남자들이다. 로즐린은 그들 세 남자의 상처를 어루만져주고, 세 남자는 그녀를 사랑하게 된다. 그들은 서부로 가서 야생마 사냥을 하며 산다. 그러나 사냥한 야생마들이 통조림 공장에서 도축되어 개 먹이가 된다는 걸 알고 로즐린은 그들의 사냥을 막으려 한다. 이 사이에서 갈등이 생긴다. 로즐린 역을 맡은 마릴린이 세 남자와 맞서는 장면을 보자.

세 남자는 로즐린(마릴린 먼로)이 힘없이 걸어가는 뒷모습을 바라본다.

"로즐린!"

게이(클라크 게이블)가 한 걸음 떼다 말고 주춤한다. 정처 없이 걷던 로즐린은 비명을 지르고 분노를 발산하려는 듯 세 남자를 향해 몸을 한껏 숙이며 외친다.

"거짓말쟁이들이야! 당신들 전부 다!"

그녀는 주먹을 부르쥐고 있는 힘껏 소리친다.

"거짓말쟁이들!"

게이가 움찔한다.

"당신들 그렇게 잘났어? 뭔가 죽는 걸 봐야 희열을 느끼지? 다 죽여버리라구. 그게 당신들이 원하는 거잖아! 서로를 죽이면서도 당신들은 행복하겠지?"

로즐린은 그들에게 다가서려다 두려운 듯 멈칫하더니 게이를 쳐다본다.

"당신을 증오해!"

게이가 투덜거리며 변명을 한다.

"우리는 일을 해야 해, 로즐린."

로즐린은 게이에게서 시선을 거두고 다른 두 남자(몽고메리 클리프트와 엘리 월라치)를 본다. 그리고 그들 저 너머로 시선을 던진다.

"당신들은 살아있다는 기분이 어떤 건지 몰라. 당신들은 시체나 다름없어. 가엾게도."

이 장면은 워낙 명장면이기도 하려니와, 마릴린이 세상 남자들에게 던지고 싶어했던 육성과도 겹친다.

거짓말쟁이들! 잔인한 것들!

그들은 그녀를 속여왔던 것이다.

촬영이 끝나갈 즈음, 마릴린은 아서에게 이혼을 요구했다. 아서는 그 요구를 담담히 받아들였다.

드디어 기나긴 촬영이 끝났다. 그리고 촬영이 끝난 지 며칠 뒤, 허망하게도 클라크 게이블이 죽었다. 마릴린은 그 소식을 듣고 충격을 받아 쓰러졌다. 그러나 그녀를 위로해주어야 할 아서는 이미 그녀 곁을 떠나고 없었다. 대신 조 디마지오가 자주 찾아와 그녀를 돌봐주었다.

모두가 축복 받은 크리스마스날에도 마릴린은 약물 과다 복용으로 죽다 살아났다. 성탄절을 부활절과 혼동했는지도 모른다.

1961년 1월 20일은 미국 역사상 중요한 날이었다.

아서 밀러와 마릴린 먼로가 이혼한 날이기도 하지만, 무엇보다도 존 F. 케네디가 미국 대통령에 취임한 날이기도 하기 때문이다. 미국 대통령 선거에서 존 F. 케네디가 리처드 닉슨을 박빙의 차이로 눌렀을 때 사람들은 열광했다. 드디어 이미지의 시대, 텔레비전 선거의 시대가 도래했다. 젊고 잘생긴 케네디는 텔레비전 토론에서 닉슨을 완전히 압도했고 대통령에 당선되었다. 그리고 마릴린의 매니저는, 대통령 취임기사가 모든 신문의 헤드라인을 장식할 이 날을 디데이로 잡았다.

마릴린은 이혼하러 가는 중간에 달라스에서 내려 대통령 취임 연설을 시청했다. 케네디 대통령은 그녀의 마음에 들었다. 그녀는 대통령 선거 기간에도 자신의 정치적 입장을 공공연히 밝히곤 했다.

"난 닉슨 후보보다는 케네디 후보가 승리하길 바래요. 닉슨은 공산주의자를 색출한다고 할리우드를 들쑤시고 내 남편 아서를 협박한 반미활동위원회에서 활동한 경력이 있잖아요."

그리고 대통령 취임 연설이 있기 몇 주 전에는 친구에게 몰래 이렇게 속삭이기도 했다.

"미국의 차기 대통령과 데이트를 해볼 생각이야."

취임 연설이 끝난 후 마릴린은 다시 차를 달려 이혼을 하러 갔다.

비록 헤어졌지만 '밀러와 먼로'는 가장 오래 함께 살았다. '짐과 노마'가 3년 남짓, '조와 마릴린'이 1년 반 남짓 살았던 데 비해, '밀러와 먼로'는 5년을 같이 살았다.

2. 죽음에 이르는 병

마릴린은 아서와의 이혼을 전후해 사람들을 잘 만나지도 않고 밖으로 나가지도 않았다. 머리도 감지 않고 씻지도 않았다. 그녀의 집에 찾아가 그녀를 인터뷰한 기자들은 그녀의 몸에서 '희미한 냄새'가 났다고 증언하기도 했다. 그런데도 거울만은 더 자주, 더 열심히 들여다보았다.

마릴린은 밀러가 떠난 후 집을 온통 하얀색으로 바꿔놓았다. 사방의 벽과 양탄자가 하얀색이었고, 탁자도 하얀색이었고, 그 위에 놓인 꽃병과, 꽃병에 꽂힌 꽃마저도 하얀색이었다. 소파도 하얀색이었고 피아노도 하얀색이었다. 기억하는가? 글래디스가 마릴린에게 사주었던 중고 그랜드피아노와, 미처 사주지 못했던 벽난로 옆에 놓기로 한 소파를?

마릴린은 자기 집을 엄마가 꿈꾸었던 바로 그 '하얀 집'으로 만들어 놓았다. 사람들은 이 집에만 들어서면 왠지 기분이 나빴다. 흰 양탄자에 흰 소파라니! 더구나 그 흰 가구를 비추는 거울의 흰 표면이라니! 그래서 조 디마지오 외에는 거의 아무도 그녀의 집을 방문하지 않았다. 시중에서는 마릴린과 조 디마지오의 재결합설이 조심스레 나돌고 있었다.

한동안 세상과 담을 쌓고 지내던 마릴린은 신경정신과 전문의인 크리스 박사의 충고를 받아들여 병원에 입원하기로 했다. 그녀는 일반병원인 줄 알고 입원을 결정했는데, 크리스 박사는 그녀를 정신병원으로 보냈다.

등 뒤에서 정신병원의 문이 잠기는 육중한 소리를 듣는 순간 마릴린은 극심한 공포에 사로잡혔다.

"문 열어! 문 열어! 문 열란 말야!"

마릴린은 같은 말을 반복했지만 간호사들은 문을 열어주지 않았다. 정신병자가 문을 열라고 한다고 문을 열어주는 간호사가 어디 있는가.

이때 마릴린이 연기 코치인 리에게 보낸 편지는 정신병원에 갇힌 그녀의 두려움이 얼마나 컸는지를 잘 보여준다.

"그동안 제 소식을 못 들으셨을 거예요. 저는 지금 미친 사람들과 갇혀 있어요. 이 악몽 같은 곳에 있다가는 저도 분명히 미쳐버리고 말 거예요. 리, 저를 좀 도와주세요. 제발 크리스 박사에게 제 정신상태에는 아무 이상이 없다고 말해주세요. 여기는 내가 마지막으로 와야 할 곳이에요. 아직은 여기에 올 때가 아니란 말이에요"

그랬다. 그곳은 그녀의 엄마가, 외할아버지가, 증조할머니가 마지막으로 갔던 곳이었다.

마릴린의 상담을 맡은 젊은 의사가 물었다.

"당신은 왜 불행한가요?"

"……."

"당신은 왜 불행한가요?"

"……."

"당신은 왜 불행한가요?"

결국 마릴린은 발칵 화를 내며 소리쳤다.

"내가 불행한 이유를 당신더러 밝혀내라고 돈을 갖다바치는 것 아냐?"

그리고 마릴린은 입고 있던 옷을 발기발기 찢기 시작했다. 젊은 의사는 그녀가 미친 게 틀림없다고 단정했다.

그러나 마릴린은 백방으로 손을 쓴 끝에 조 디마지오의 도움으로 정신병원에서 퇴원해 일반병원으로 옮겨 요양을 하게 되었다. 그녀는 다시는 크리스 박사 따위의 말은 듣지 않고 주치의인 그린슨 박사의 말만 듣겠다고 결심했다. 한참 지난 후에 크리스 박사도 마릴린을 정신병원에 보낸 것은 크나큰 실수였다고 인정했다.

그러는 동안 개봉된 〈이상한 사람들〉은 흥행에 참패했다. 대중들은 그 영화를 도무지 이해하지 못했다.

1961년 한해 동안 마릴린에게 별다른 일은 일어나지 않았다.

2월에 정신병원에 갇혔다 풀려나는 소동이 있었고, 3월에 아서 밀러의 어머니가 죽어서 장례식에 참석했다. 5월에 주치의인 그린슨 박사가 그녀의 '우울증과 편집증'이 '정신분열증세'로 발전할 우려가 있다는 진단을 내렸고, 6월에는 오른쪽 배를 절개하고 담낭 수술을 받았다.

이런 저런 병만 아니라면 마릴린은 조용히 지내는 것처럼 보였다. 영화일을 잠시 쉬면서 한가롭게 지내는 것 같았다. 뭐니뭐니해도 그녀 나이 벌써 서른다섯이었다.

그러나 아니었다. 마릴린이 누군가?

나중에 죽은 후에야 그녀가 그동안 얼마나 다양한 사람들과 교제하며 지내왔는가가 밝혀졌다. 그녀는 연예계의 스타들뿐 아니라, 정계의 거물들, 추방당한 흑인인권운동가와 공산주의자들, 심지어 프랭크 시나트라를 통해 알게 된 마피아 사이를 오가며 카멜레온처럼 변화무쌍한 삶을 살았다. 아서 밀러를 잃으면서 마릴린은 자기 삶의 균형을 잡아줄 무게중심도 잃었던 것이다.

그러나 또 마릴린이 누군가? 그녀는 자기 삶의 균형을 잡아줄 새로운 남자를 발견했다.

그해 11월 마릴린은 누구나 기분 나빠해 마지않는 '하얀 집'을 대대적으로 새롭게 바꾸기 시작했다. 집을 바꾸는 일은 그녀 자신을 바꾸는 일과 같았다. 그녀는 새로운 희망에 들떴다. 이 희망은 그녀가 품었던 마지막 희망이었다. 그 즈음 마릴린은 존 F. 케네디를 만났던 것이다. 몇 번의 꿈같은 데이트가 이어졌다. 케네디에게는 재클린이라는 지적이고 아름다운 아내가 있었다. 그러나…….

할리우드에 처음 왔을 때부터 마릴린은 열심히 꿈만 꾼다면 언젠가는 그 꿈이 이뤄진다고 믿는, '그러나 꿈꾼다'라는 세계관을 가지고 있었다. 널리 알려진 대로, 마릴린이 어느 정도는 영부인이 될 야무진 꿈을 품었을 가능성이 높다. 그녀는 언제나 자기 삶이 땅에 떨어진 손거울처럼 산산이 깨어질 것 같은 불안을 느꼈다. 그래서 자기 삶을 지탱해 줄 단단하고 확실한 어떤 것을 필요로 했다.

대통령의 아내가 된다는 것, 그것은 뭔가 단단하고 확실하며 쉽게 무너지지 않을 자리로 보였다. 더구나 케네디는 젊고 매력 넘치고, 지적이며 민주적인 대통령이었다. 앞에서 보았듯이 마릴린은 지적인 것과 민주적인 것이라면 사족을 못 썼다.

사람들은 마릴린을 백치라고 생각했지만, 그녀는 늘 교양과 지식을 쌓기 위해 노력하는 편이었다. 사람들은 그녀가 정치와는 거리가 먼

섹시 스타에 불과하다고 생각했지만, 그녀는 늘 정치의 진보와 급진적 민주주의에 관심이 많았다. 사람들은 마릴린에 대해 기회가 닿는 족족 오해했다. 마릴린은 늘 그게 억울해서 미칠 것 같았다. 물론 어느 정도는 그녀 자신이 그 오해를 조장하고 이용한 측면도 있었지만.

1962년 5월 마릴린은 케네디의 생일파티에 초대되어 축가를 불렀다. 뉴욕 매디슨 스퀘어 가든이었다. 공교롭게도 이 장소는 7년 전 마릴린이 분홍 코끼리를 타고 행진하다 처음으로 환각을 보았던 곳이기도 했다. 7년 후 마릴린이 케네디의 생일축가를 부르면서 품었던 영부인의 꿈 역시도 일종의 환각은 아니었을까?

Happy birthday to you.
Happy birthday to you.
Happy birthday, Mr. President.
Happy birthday to you.

마릴린의 노래를 실황 녹음으로 들어보지 않은 사람은 모른다. '미스터 프레지던트'라고 발음하는 마릴린의 목소리가 얼마나 감미로운지.
'프레지던트' 앞에 붙인 '미스터'는 그녀에게 결코 상식적인 호칭일 수 없었다. 케네디는 무엇보다 그녀에게 '미스터', 곧 '남자'였다. 그녀의 삶을 깨지지 않게 지켜주고 그녀의 삶의 균형을 잡아줄 새로운 남자, 새로운 남편, 새로운 아버지였다.

마릴린은 존 F. 케네디뿐 아니라 동생인 로버트 케네디와도 친분이 두터웠다. 할리우드 가십란에서는 이들의 관계를 '친분'이라고 하지 않고 '염문'이라고 했다.

그러나 생일 파티가 있은 지 얼마 지난 후부터 케네디 형제는 그녀와의 관계를 갑작스레 끊고 그녀를 멀리하기 시작했다. 이전까지 케네디 형제는 할리우드의 가십란에서 뭐라고 떠들든 간에 신경 쓰지 않고 그녀와 가까이 지내왔다. 그런데 무엇이 그들을 돌변하게 만든 것인지 마릴린은 알 수가 없었다. 마릴린이 너무 많은 것을 요구하자 그들이 부담을 느꼈을 수도 있고, 정치적 반대자들로부터 모종의 협박을 받았기 때문일 수도 있다.

그해 6월 1일에 마릴린은 서른여섯 번째 생일을 맞았다. 이 날은 그녀가 20세기 폭스 사에서 마지막으로 촬영을 한 날이며, 공식석상에 모습을 드러낸 최후의 날이었다. 그후 마릴린이 어떻게 지냈는지는 잘 알려져 있지 않다. 주로 병원에 입원했다 퇴원하는 일을 되풀이했다. 그녀를 찍으려는 사진작가는 직접 그녀의 집을 방문해 그녀의 사진을 찍었다. 그 당시 사진을 통해 알 수 있는 것은 마릴린이 엄청 야위었다는 것이다. 그녀는 전혀 도발적으로 보이지 않는 대신 초조하고 야릇하고 강인한 분위기를 풍겼다.

8월 5일 마릴린은 자신의 집에서 죽은 채 발견되었다. 로스앤젤레스 검찰청이 시체를 부검한 결과 약물 과다복용으로 인한 자살로 밝혀졌다. 주치의인 그린슨 박사는 그 전날 밤 마릴린으로부터 전화를 받았는데, 그녀가 "매우 중요한 사람"과의 약속이 취소되어 몹시 실망하고 있었다고 증언했다.

"박사님. 믿어지세요? 세상에서 가장 아름다운 여인이 데이트를 거절당했어요."

그녀가 이렇게 말할 때 이미 약물을 상당히 복용한 상태였던 것 같다고 그린슨 박사는 말했다. 그녀가 그토록 두려워했듯이, 그녀의 삶은 땅바닥에 떨어진 손거울처럼 한순간에 산산조각이 났다. 그녀의 시신은 8월 8일 웨스트우드 공원 예배당 납골당에 안치되었고 8월 28일에 공식적인 사망증명서가 날인되었다.

마릴린에 열광하고, 마릴린의 브로마이드 사진을 침대 머리맡에 붙여놓고, 마릴린의 춤과 노래에 영혼을 빼앗겼던 전세계 남성들, 그들은 그녀의 죽음 소식을 듣고 어떤 반응을 보였을까? 분명한 것은, 노마 진이 콕스 노인의 죽음 소식을 알았을 때처럼, 밥 먹다 말고 엉엉 울거나 하지는 않았다는 것이다. 대부분의 반응은, 헉 하고 잠시 놀란 후, 그 참 쩝! 하고 입맛을 다시는 정도였다. 노마 진이 자전거를 타는 동안 삼십 분이고 한 시간이고 나무 밑에서 기다리다, 자전거를 돌려

주고 훌쩍 집으로 들어가 버리는 그녀의 뒷모습을 허망하게 바라보던 소년들처럼, 마릴린을 좋아했던 남자들은 그녀의 죽음에 적지 않은 아쉬움과 서운함을 표했지만 눈물을 흘리지는 않았다.

오히려 몹시 슬퍼한 쪽은 여자들이었다. 마릴린이 죽은 후에야 많은 여자들은 자신들이 미워해야 할 대상이 마릴린이 아니었음을 깨달았다. 그리고 깊은 죄의식과 슬픔을 느꼈다. 마릴린처럼 대스타를 꿈꾸던 소녀들은, 살았을 때의 마릴린처럼, 몇 날 며칠을 눈이 퉁퉁 붓도록 울고불고했다.

이후 마릴린의 죽음을 둘러싼 갖가지 소문이 꼬리를 물었다. 주로 자살이 아니라 타살이라는 소문이었다. 그 중 대표적인 타살설 두 가지만 들어보자.

일단 로버트 케네디 상원의원에 의한 타살설이 있다. 이 설에 따르면, 존 F. 케네디 대통령은 생일파티 이후로 마릴린과의 관계를 정리하려고 했다. 그러나 마릴린은 포기하지 않았다. 그래서 존의 동생인 로버트 케네디가 중재에 나섰다. 그러나 로버트는 마릴린을 설득하기는커녕 그녀와 사랑에 빠지고 말았다. 이번에는 마릴린이 로버트에게 매달렸다. 8월 4일 밤 마릴린은 로버트가 만나주지 않자 다음날 대통령과의 관계를 폭로하는 기자회견을 하겠다고 엄포를 놓았다. 그래서 로버트는 부랴부랴 달려왔다. 그리고 수하를 시켜 마릴린을 살해한 뒤 헬기를 타고 떠났다. 마릴린의 시신은 자살한 것으로 위장되었고 사망

시간도 조작되었다.

다음으로 암흑가의 음모설이 있다. 존 F. 케네디의 선거운동을 뒤에서 도와준 암흑가 일당이 있었다. 이들은 케네디가 대통령에 당선된 후 모종의 대가를 요구했다. 그런데 케네디는 그들의 요구를 들어주기는커녕 나 몰라라 했다. 그래서 이들은 마릴린과 케네디의 관계를 폭로하겠다고 협박했다. 그 협박이 잘 통하지 않자 이들은 음모를 꾸몄다. 로버트가 마릴린의 집을 방문할 것을 미리 알고 마릴린을 먼저 살해하여 로버트에게 그 죄를 뒤집어씌우려 했던 것이다. 로버트는 마릴린을 만나러 갔다가 싸늘한 시신을 발견하고 서둘러 헬기로 떠났다. 그리고 뒤처리는 형인 존이 맡았다.

케네디 형제, 마피아 등과 연관된 수상쩍은 소문에도 불구하고 마릴린의 사인은 공식적으로 약물과다복용에 의한 자살로 되어 있다. 어느 쪽이 진실인지는 묻지 말자. 어차피 우리의 마릴린은 돌아오지 않으니. 그녀가 출연했던 영화 〈돌아오지 않는 강〉처럼.

참고로, 마릴린은 이 영화에서 주제가인 '돌아오지 않는 강'을 숨이 막힐 만큼 멋지게 불렀다. 그리고 또 한 가지 참고로, 마릴린이 죽은 다음해에 케네디 대통령 또한 두 발의 총탄을 맞고 피살당했다. 이 사건 또한 아직도 수많은 소문에 휩싸여 있다.

존과 마릴린.

매디슨 스퀘어 가든의 생일파티로 온 세계를 열광하게 만들었던 한

쌍의 남녀가 앞서거니 뒤서거니하며 의문의 죽음으로 세상을 떠났다.
영화보다 더 영화적인 삶이었다.

3. 다시, 천사에 대하여

우리가 지금 상상하는 천사의 모습은, 천사만을 연구해온 천사학(學)에 따르자면, 완전히 그릇된 것이라고 한다.

천사학에 의하면, 우선 천사는 여자가 아니라 남자라는 것이다. 그리고 날개가 달린 곳은, 우리가 알고 있듯이 어깨나 겨드랑이가 아니라, 바로 발뒤꿈치라는 것이다. 이 설명에 따라 천사의 모습을 상상해보면, 천사는 발뒤꿈치에 달린 날개의 추진력으로 하늘로 비상하는, 일종의 남자 로켓 모형쯤 되는 셈이다. 실망이 이만저만이 아닐 수 없다.

그래서 사람들은 천사학의 연구성과에 대해 못들은 체 귀를 닫아왔는지도 모른다. 천사를 상상하는 데 웬 학까지 필요하단 말인가? 아름 다우면 그만이지! 천사에 대한 그릇된 소문이 천사학보다 더 아름다운 천사를 상상하게 해준다면, 차라리 그릇된 소문을 따르는 편이 낫다. 어차피 천사는 없는 것이니까.

천사의 운명은, 전적으로 사람들의 상상에 달려 있다. 마릴린 먼로, 그녀의 운명도 그랬다. 그녀도 천사와 같은 종족이었다. 그녀의 모습 과 운명은 전적으로 사람들의 상상에 달려 있었다. 그녀는 사람들의 상상 속에서만 존재하는 하나의 이미지였다. 그릇된 소문이 만들어낸 꿈 같은 이미지였다.

그러나 마릴린 먼로라는 스타의 화려한 양 날개 한가운데에는, 작은 고치처럼, 고아 소녀 노마 진이 몸을 조그맣게 웅크리고 있었다. 그러 나 아름다운 날갯짓에 정신이 팔려, 사람들은 성냥팔이 소녀만큼이나 가엾은 그 여자 아이의 실체를 알아보지 못했다. 모든 광채가 사라지 고 날개가 바스라진 후 남은 것은, 약물중독으로 딱딱하게 굳은, 바싹 마른 여자의 시신이었다.

모든 남성들의 애인이었고, 모든 여성들의 꿈이자 질투의 대상이었 던 마릴린 먼로!

그녀는 천사처럼 태어나 식모처럼 자랐고 창녀처럼 취급받았다. 그 리고 결혼을 세 번이나 했지만 그토록 꿈꾸던, 한 아기의 엄마가 되어 보지 못한 채 죽었다.

마릴린의 모든 꿈, 마릴린의 모든 사랑, 마릴린의 모든 아름다움은 오로지 이 세상에서 살아남기 위한 노력이었으며 성공하기 위한 안간힘이었다.

그러나 이 세상은 그녀의 꿈을 이루어주는 척하면서 짓밟았고, 그녀의 연애를 싸구려 농담처럼 잘근잘근 씹어댔다. 할리우드의 제작자들과 기자들은 그녀 드레스의 가슴선을 내리고 무릎선을 올리는 데에만 눈이 빨개 있었다. 사람들은 그녀의 아름다움을 칭찬하면서 경멸했고, 경멸하면서 은밀히 즐겼다.

마릴린을 보면 할리우드가, 미국이, 이 세상이, 천사를 어떻게 이용하고 대접하는지를 잘 알 수 있다.

그러나 세상이 그녀를 속였을지라도 그녀는 슬퍼하거나 노여워하지 않았으며, 쓰러진 자리에서 다시 일어났고 최선을 다해 아름답고자 했다.

마릴린 이후로 천사는 이 땅을 떠났다. 세상의 모든 빛을 빨아들인 듯 밝게 빛나던 금발머리와 우윳빛 피부, 꿈꾸는 듯 반쯤 감긴 눈, 윤곽이 분명한 선홍색 입술, 입가의 검은 점, 그리고 환풍구 바람에 부챗살처럼 날리던 하얀 치맛자락의 이미지만 남긴 채.

〈7년 만의 외출〉에서 본 그 치맛자락이야말로 우리가 마지막으로 본 천사의 날개였는지도 모른다.

1926년   6월 1일 미국 로스앤젤레스에서 글래디스의 세 번째 아이로 태어났다. 엄마인 글래디스가 지어준 이름은 노마 진. 아버지가 누구인지는 공식적으로 알려지지 않았지만, 어린 노마 진은 아버지 사진을 보고 명배우 클라크 게이블을 닮았다고 제멋대로 상상한다. 글래디스는 매주 5달러씩 지불하면서 노마를 우체부의 가정과 영국인 부부의 가정에 맡겨 기른다.

1934년   여덟 살 때 노마 진은 엄마 글래디스와 '하얀 집'에서 함께 살게 된다. 엄마는 중고 그랜드피아노를 할부로 들여놓아 노마에게 피아노를 가르치려 한다.

1935년 엄마 글래디스가 정신병 발작을 일으켜 노워크 정신병원에 수용된다. '하얀 집'과 그랜드피아노는 사라지고, 노마 진은 잠시 엄마의 친구인 그레이스의 보호를 받는다. 그레이스의 사정이 여의치 않아 로스앤젤레스어린이가정회라는 고아시설로 보내진다. 이후 노마 진은 아홉 번의 입양과 파양 과정을 거친다.

1938년 늘 헐렁한 고아 제복만 입다가 꼭 끼는 스웨터를 입고 학교에 나타남으로써 열두 살의 노마 진은 일약 남자 아이들에게 인기 있는 소녀가 된다. 이후 남자 아이들은 줄줄 따르는 대신 여자 아이들의 질투를 한몸에 받게 된다.

1942년 열여섯의 노마 진은 그레이스의 권유로 동네 총각 짐 도허티와 결혼한다. 짐이 전쟁에 참가하기 위해 해병으로 입대하자 마릴린은 낙하산 공장에서 일했고, 공장을 방문한 사진작가 데이비드 코노버의 눈에 띄어 여성 노동자 모델이 된다. 이후 유명 모델에의 꿈을 키운다.

1945년 짐 도허티와의 결혼생활을 뒤로 하고 할리우드로 진출한다. 유명한 사진작가들과 함께 일하면서, 잡지나 광고의 모델을 한다.

1946년 스무 살 때 20세기 폭스 사와 처음으로 인터뷰를 하고 카메라 테스트를 받고 1년 계약을 맺는다. 이때 이름을 마릴린 먼로로 바꾸는데, 먼로는 외가쪽 성이다. 짐 도허티와의 이혼이 마무리된다.

1947년 첫 영화 〈스쿠다 후 스쿠다 헤이〉에 단역으로 출연하지만 편집과정에서 잘리고, 두 번째 영화 〈위험한 세월〉에서도 미미한 역할만 맡는다. 20세기 폭스 사는 마릴린이 연기를 잘 못하고 카메라가 잘 받지 않는다는 이유로 계약을 연장해주지 않는다.

1948년 20세기 폭스 사의 주요 인물인 조셉 솅크의 도움으로 컬럼비아 영화사와 6개월 단발 계약을 한다. 그리고 〈코러스의 아가씨들〉에 출연해 노래와 춤을 선보이지만, 인상적인 연기를 보여주지 못했다는 이유로 6개월 후 컬럼비아 사로부터도 계약을 연장 받지 못한다.

1949년 자동차 할부금을 내기 위해 누드 달력 모델을 한다. 〈러브 해피〉에서 '멍청한 금발 미인' 역을 맡는데, 이 영화를 통해 미국의 저명한 에이전트인 조니 하이드의 눈에 들게 된다. 이후 조니의 전적인 지원을 받는다.

1950년 유명한 감독 존 휴스턴의 〈아스팔트 정글〉이 개봉되어 마릴린은 관객에게 깊은 인상을 남긴다. 조니의 주선으로 20세기 폭스 사와 7년 계약을 한다. 그러나 일주일 후 조니가 심장병으로 세상을 떠나자 마릴린은 깊은 슬픔에 잠긴다. 이때 미국의 대표적 극작가인 아서 밀러를 처음 만나는데, 이후 둘은 서신 왕래를 통해 우정을 쌓는다. 이때부터 마릴린의 전성시대가 열린다. 조니를 잃은 슬픔 속에서도 〈이브의 모든 것〉과 〈파이어볼〉을 찍는다.

1951년 〈사랑의 보금자리〉 〈렛츠 메이크 잇 리걸〉 〈클래시 바이 나이트〉 〈우리는 독신자〉 등 수많은 영화에 출연한다.

1952년 스캔들이 연달아 터진다. 그 중 누드 달력 스캔들이 가장 극복하기 힘든 스캔들이었는데, 마릴린은 '돈이 없어서 누드를 찍었다'고 솔직하게 밝힘으로써 정면 돌파를 시도한다. 미국의 전설적인 야구 영웅인 조 디마지오를 파티에서 처음 만나 데이트를 시작한다. 〈노크는 필요 없어요〉와 〈몽키 비즈니스〉가 개봉된다.

1953년 초기 대표 3부작이라 할 수 있는 〈나이아가라〉 〈신사는 금발을 좋아한다〉 〈백만장자와 결혼하는 법〉이 개봉되어 마릴린의 인기가 하늘을 찌른다. 그러나 여전히 세상 사람들은 그녀를 '멍청한 금발 미인'의 고정된 이미지로만 바라본다. 처음으로 텔레비전에 출연한다.

1954년 1월 14일 조 디마지오와 결혼하여 2월에 일본으로 신혼여행을 떠난다. 신혼여행 중 한국을 방문해 한국전쟁에 참전한 미군을 위한 위문공연을 한다. 심리가 불안정해 정신과 치료를 시작하고, 매혹적인 노래솜씨를 선보인 〈돌아오지 않는 강〉이 개봉된다. 〈7년 만의 외출〉에서 치마가 지하철 환풍구 바람에 날리는 유명한 장면을 찍는데, 이로 인해 남편인 디마지오와의 불화가 심해져 이혼을 발표한다.

1955년 뉴욕 매디슨 스퀘어 가든에서 열린 자선행사에 분홍 코끼리를 타고 나타나는데, 이때 처음으로 마릴린은 환각을 경험한다. 영화 일을 쉬면서 정신과 치료를 강도 높게 받지만 증세가 나아지지 않는다. 부쩍 아서 밀러를 자주 만나 대화를 나누고 위로를 받는다. 11월에 조 디마지오와의 이혼이 마무리된다.

1956년 서른 살이 된 마릴린은 1년 간의 휴식을 끝내고 다시 할리우드로 돌아와 〈버스 정류장〉에 출연한다. 6월 29일 아서 밀러와 세 번째로 결혼한다. 아서 밀러와 영국으로 날아가 대배우인 로렌스 올리비에와 〈왕자와 무희〉를 찍는다. 이 과정에서 음주와 약물 사용이 증가하고 우울증이 심해진다.

1957년 미국으로 돌아와 아서 밀러와 둘만의 행복한 시간을 가진다. 〈왕자와 무희〉가 개봉되지만 좋은 평가는 받지 못한다. 아서와 마릴린은 아이를 갖기 위해 노력한다. 그러나 어렵게 가진 아이가 유산되고 앞으로 아이를 낳지 못하리라는 의사의 진단을 받자 마릴린은 충격에 빠진다. 8월 1일에 최초로 자살을 기도한다.

1959년 〈뜨거운 것이 좋아〉가 개봉되는데, 마릴린이 출연한 영화 중 가장 폭발적인 흥행몰이를 한다. 영화 촬영이 끝난 후 또 아이를 유산한다.

1960년 〈뜨거운 것이 좋아〉로 골든 글로브 상을 수상한다. 이브 몽탕과 〈사랑합시다〉를 찍다 스캔들을 일으키기도 한다. 마침내 오랫동안 준비해온 영화 〈이상한 사람들〉의 촬영이 시작된다. 존 휴스턴 감독에 아서 밀러 원작, 클라크 게이블과 마릴린 먼로가 출연하는 초호화 야심작이었다. 촬영 중간에 마릴린이 정신병 발작을 일으켜 병원으로 실려가는 바람에 촬영이 중단되기도 한다. 아서 밀러와 급속히 사이가 나빠져 이혼에 합의한다. 이 영화의 촬영이 끝난 직후 클라크 게이블이 죽는데, 이 때문에 마릴린은 깊이 괴로워한다.

1961년 1월 20일 존 F. 케네디 대통령 취임식 날 아서 밀러와 이혼한다. 심혈을 기울인 영화 〈이상한 사람들〉이 흥행에 실패한다. 마릴린은 의사의 권고에 따라 정신병원에 입원했다가 큰 충격을 받고 일반병원으로 옮긴다. 계속 정신상태가 좋지 못한 와중에, 이혼한 전 남편 조 디마지오와 돈독한 우정을 쌓는 동시에 케네디 대통령과의 데이트도 즐긴다. 이 즈음 그녀가 연예계, 정계, 암흑가의 거물들과 알쏭달쏭한 관계를 맺었다는 것이 나중에 밝혀진다.

1962년 5월 케네디 대통령의 생일에 뉴욕의 매디슨 스퀘어 가든에서 생일 축하노래를 부른다. 그러나 이후 케네디 대통령이 관계를 끊으려 하자 몹시 상심한다. 그리하여 중재자로 나선 로버트 케네디 상원의원과 사랑에 빠지지만, 이내 로버트도 그녀를 피한다. 6월 1일은 마릴린이 20세기 폭스 사와 마지막으로 작업한 날이며 공식석상에 모습을 보인 최후의 날이다. 8월 5일 새벽, 마릴린은 자기 집 침대 위에서 죽은 채로 발견된다. 그녀 나이 서른여섯이었다. 죽음은 약물 과다복용에 의한 자살로 판명되었지만, 아직까지도 확인되지 않은 괴소 문이 그녀의 죽음을 짙은 안개처럼 에워싸고 있다.

청소년 토지

박경리 원작 대하소설 토지문학연구회 엮음 | 전12권 | 각권 8,000원

"나는 항상 청소년들이 토지를 읽어 주기를 열망해 왔습니다."

청소년 여러분들에게는 잊어야 할 그때 그 시절, 잊지 말아야 하는 그때 그 기억은 없을 것입니다. 그러나 단순히 그 시절을 전하기 위해, 일깨우기 위해 이 글을 쓰는 것은 아닙니다. 인류와 이 세상에 생을 받아 나온 모든 생명들의 삶의 부조리, 그것에 대응하여 살아 남는 모습, 존재의 본질적 추구를 같이 생각해 보자는 것입니다.

—청소년에게 드리는 말씀 중에서

누구나 쉽게 읽고 감동할 수 있는 전 국민의 필독서!!

《청소년 토지》는 방대한 양과 수많은 등장인물, 복잡하게 얽혀 있는 사건들로 인해 청소년뿐만 아니라 일반 독자들이 읽기에는 다소 부담스러웠던 원작을 저자 박경리 선생과 《토지》 연구위원들의 철저한 검증을 통해 전체적 흐름이나 사상, 호흡과 느낌을 최대한 살리면서 새롭게 만들었다. 아울러 원작의 느낌을 보다 더 풍부하고 생동감 있게 살리기 위해 동양화가 김옥재 선생의 삽화를 곁들였다. 또한 각권 말미에는 역사적 배경이 되는 사건과 주요 등장인물에 대해 정리하여 전체적인 이해를 돕고 있다.

세기를 넘어서는 우리 시대 최고의 문학 작품!!

《청소년 토지》는 제5부 전 12권으로 구성되어 있다. 경남 하동의 평사리를 무대로 5대째 대지주로 군림하고 있는 최 참판댁과 그 소작인들의 이야기를 다룬 제1부에 이어 제2부에서는 간도에 정착한 최서희 일행의 행적을 다루고 있다. 제3부에서는 1919년 이후 3·1운동의 후유증에 시달리는 지식인들의 갈등과 혼란상, 제4부에서는 조선과 일본의 역사와 문화, 사상, 민족성 등에 대한 깊은 통찰이 전편에 흐른다. 마지막 제5부에서는 억압을 견뎌내는 우리 민족의 삶이 다양하게 펼쳐지면서 해방을 기점으로 대단원의 막을 내린다.